कर्तव्य से कर्मयोग तक आत्मबोध की एक यात्रा

जीवन, धर्म और उत्तरदायित्व का आंतरिक सत्य

रमेश दुबे

E-Mail: rameshdubey.thesoul@gmail.com

YouTube: @Always Happy Always Successful

Made with ♥ on the Notion Press Platform

www.notionpress.com

प्रस्तावना

जीवन का सबसे मौलिक सत्य यह है कि

कर्तव्य ही कर्म है और कर्म ही धर्म है।

जो जीवन को उठाता है, वही धर्म है;

जो हमें सत्य की ओर ले जाता है, वही कर्म है;

और जो हमारी चेतना को स्थिर एवं निर्मल रखता है, वही कर्तव्य है।

इस पुस्तक का उद्देश्य किसी मत, विचारधारा, पंथ या नियम को स्थापित करना नहीं, बल्कि उस प्राचीन सत्य को पुनः प्रज्वलित करना है जो हमारी संस्कृति के हृदय में हजारों वर्षों से जलता आया है

कर्तव्य मनुष्य को नहीं बाँधता;

कर्तव्य मनुष्य को बनाता है।

ये न तो आदेश हैं, न उपदेश— ये केवल *आमंत्रण* हैं: अपने भीतर के धर्म को पहचानने का,अपने कर्मों की दिशा को समझने का, और अपनी जिम्मेदारी की जड़ों में उतरकर अपने सत्य को जीने का।

बहुत समय पहले, हमारे ऋषियों ने यह कहा था

"मनुष्य कर्म से बनता है, और कर्म ही उसका धर्म लिखता है।"

धर्म वह आंतरिक व्यवस्था है जो मनुष्य को मनुष्य बनाती है— जो अराजकता को क्रम में बदलती है; जो लोभ को सेवा में, अहंकार को कर्म में, और भय को विश्वास में बदल देती है।

इस पुस्तक की यात्रा एक साधारण प्रश्न से शुरु होती है—

यदि कर्तव्य ही कर्म है, तो जीवन कैसा बदलता है? और यदि कर्म धर्म बन जाए, तो मनुष्य की चेतना कहाँ पहुँचती है?

आप इस पुस्तक के हर अध्याय में पाएँगे कि जीवन का प्रत्येक पहलू— संबंध, नेतृत्व, साधना, सेवा, संघर्ष, जागरण— सब एक ही धुरी पर घूमते हैं:

कर्तव्य → कर्म → धर्म → उत्तरदायित्व → सत्य

यही मानव चेतना का वास्तविक चक्र है, और यही वह मार्ग है जिस पर चलकर भीतर की स्वतंत्रता जागती है।

यह पुस्तक मेरे मन की यात्रा, जीवन के अनुभव, आध्यात्मिक खोज और मानव चेतना के लंबे अवलोकन का परिणाम है।

कई बार मैंने कर्तव्य को बोझ समझा, कई बार कर्म को संघर्ष पाया, और कई बार धर्म को नियमों में उलझा देखा। धीरे-धीरे समझ आया—

- कर्तव्य वह है जो हमें भीतर से सीधा खड़ा करता है।
- कर्म वह है जो हमें आगे बढ़ाता है।
- धर्म वह है जो हमें गिरने नहीं देता।

लेखन की इस यात्रा ने मुझे यह दिखाया कि मनुष्य का सबसे बड़ा सामर्थ्य उसके भीतर स्थित ***उत्तरदायित्व*** है— जो उसे निर्णय लेने, सत्य को जीने और जीवन को सँवारने की क्षमता देता है।

मैंने यह पुस्तक किसी उपदेश के लिए नहीं लिखी, बल्कि उन लोगों के लिए लिखी है जो अपने भीतर की शक्ति को पहचानना चाहते हैं, अपने कर्म को सच्चे अर्थ में जीना चाहते हैं, और अपने जीवन को ***धर्ममय*** बनाना चाहते हैं।

यदि यह पुस्तक आपके भीतर एक छोटा-सा भी परिवर्तन जगाती है तो मेरा उद्देश्य पूरा है।

यह पुस्तक मेरे जीवन के उन स्रोतों को समर्पित है जिन्होंने मुझे कर्तव्य, धर्म और उत्तरदायित्व का सच्चा अर्थ सिखाया।

मेरे पिता, पंडित तारकेश्वर दुबे जी

जिनकी अनुशासन–प्रधान दृष्टि और सत्यनिष्ठा ने मेरे भीतर कर्तव्य का दीपक जलाया।

मेरी माता, लालपती दुबे
जिनकी करुणा, धैर्य और निस्वार्थ सेवा
मेरे कर्म की पहली शिक्षा थीं।

मेरे परिवार — कंचना, अनमोल और ज्योति
जिनकी उपस्थिति ने मेरे भीतर के लेखक, साधक और मानव को गढ़ा।
उनके प्रेम ने इस पुस्तक को जीवन दिया
और उनके विश्वास ने इसे मार्ग दिया।

यह पुस्तक उन सभी पाठकों को समर्पित है
जो अपने भीतर की रोशनी खोज रहे हैं
वह रोशनी जो कहती है:

कर्तव्य करो, कर्म बनो, धर्म जियो
सत्य स्वयं प्रकट होगा।

कानूनी अस्वीकरण
(Legal Disclaimer)

यह पुस्तक ***कर्तव्य, कर्म, धर्म, उत्तरदायित्व, चेतना और जीवन-दर्शन*** पर आधारित एक दार्शनिक, आध्यात्मिक और मनोवैज्ञानिक चिंतन है। इसमें प्रस्तुत विचार, उदाहरण, व्याख्याएँ और निष्कर्ष लेखक के व्यक्तिगत अनुभव, अध्ययन, शोध और दृष्टिकोण पर आधारित हैं।

इस पुस्तक का उद्देश्य: जागरूकता उत्पन्न करना, आत्म-चिंतन को प्रेरित करना और पाठकों में उत्तरदायित्व की भावना को जागृत करना है।

चिकित्सकीय, मानसिक या व्यावसायिक सलाह नहीं

यह पुस्तक चिकित्सा, मनोचिकित्सा, मनोवैज्ञानिक उपचार, कानूनी परामर्श, वित्तीय सलाह या किसी भी प्रकार की पेशेवर सलाह प्रदान नहीं करती। पाठक अपने निर्णय अपने चिकित्सक, विशेषज्ञ या योग्य पेशेवर की सलाह के आधार पर ही लें।

धार्मिक मत का निर्देश नहीं

यद्यपि पुस्तक में वेदांत, गीता, उपनिषद, भारतीय आध्यात्मिक परंपराएँ और विभिन्न दार्शनिक संदर्भ आए हैं—वे किसी भी धार्मिक मत, पंथ, परंपरा या विश्वास को बढ़ावा देने के उद्देश्य से नहीं हैं।

ये संदर्भ केवल मानवीय जीवन, दृष्टि और आत्मिक विकास को समझाने के लिए दिए गए हैं।

व्यक्तिगत परिणामों की कोई गारंटी नहीं

पुस्तक में वर्णित विचारों को अपनाने से व्यक्तिगत जीवन, कैरियर, संबंध, अध्यात्म या व्यवहार में विशिष्ट परिणाम या उपलब्धि प्राप्त होने की कोई गारंटी नहीं है। पाठक अपने कार्यों, निर्णयों और परिणामों के लिए स्वयं पूर्ण रूप से उत्तरदायी हैं।

त्रुटि या गलत व्याख्या पर उत्तरदायित्व नहीं

यद्यपि लेखक ने सामग्री को यथासंभव सटीक और स्पष्ट रखने का प्रयास किया है, तथापि टंकण, व्याख्या, तथ्य या संदर्भ में किसी भी प्रकार की त्रुटि, चूक या असंगति के लिए लेखक या प्रकाशक किसी प्रकार की कानूनी या व्यक्तिगत उत्तरदायित्व नहीं लेते।

कॉपीराइट संरक्षण

बाहरी संदर्भ / प्रसंग

यदि पुस्तक में कहीं पर सांस्कृतिक, पौराणिक, ऐतिहासिक या आध्यात्मिक पात्रों का उल्लेख है— तो वे केवल प्रतीकात्मक और शिक्षात्मक उद्देश्य से हैं। इनका वास्तविक, ऐतिहासिक, या धार्मिक प्रमाण प्रस्तुत करने का दावा नहीं किया गया है।

समापन

यह पुस्तक एक दर्पण है— जो पाठक को अपनी चेतना, अपने कर्तव्य, अपने कर्म और अपने सत्य से आंतरिक रूप से परिचित कराने के लिए लिखी गई है। यह कोई आदेश नहीं—एक आमंत्रण है। लेखक सभी पाठकों को आग्रह करते हैं कि वे यहाँ प्रस्तुत विचारों को अपनी स्वयं की बुद्धि, विवेक और जागरूकता के साथ अपनाएँ।

विषय सूची

अध्याय – 1

कर्तव्य का सत्य

कर्तव्य क्या है, और
यह मनुष्य को किस प्रकार दिशा देता है?

कर्तव्य का अर्थ, जो जीवन को दिशा देता है

जीवन एक निरंतर यात्रा है—जिसमें हम कदम दर कदम आगे बढ़ते हैं। यह यात्रा केवल समय की नहीं, बल्कि *विकास* की है, *जिम्मेदारी* की है, और *समझ* की है।

हर मनुष्य जन्म से मृत्युपर्यंत किसी न किसी कार्य में लगा रहता है—वह सोचता है, संघर्ष करता है, प्रेम करता है, सीखता है, कमाता है, खोता है, बनाता है, और आगे बढ़ता है। ये सभी **कर्म** हैं।

कर्तव्य का सत्य यह है कि यह हमें वह बनाता है
जिसे हम भीतर से बनना चाहते हैं,
और वह जीवन देता है
जिसे हम सही अर्थ में जीना चाहते हैं।

इस अध्याय में हम समझेंगे:
कर्तव्य क्या है?
यह क्यों महत्वपूर्ण है?
यह जीवन को कैसे बदल देता है?
और एक मनुष्य के रूप में हमारा मूल कर्तव्य क्या है?

कर्तव्य: शब्द से अधिक, जीवन की रीढ़

"कर्तव्य" शब्द सुनते ही मन में कठोरता, नियम, अनुशासन या व्यवस्था की छवि उभर आती है। लेकिन कर्तव्य इनसे कहीं अधिक गहरा और जीवंत है।

कर्तव्य वह नहीं है जो समाज आप पर थोपता है,
कर्तव्य वह है जो आपकी *आत्मा* आपसे मांगती है।

कर्तव्य वह है

- जो आपको सही दिशा देता है
- जो आपको भीतर से मजबूत बनाता है
- जो आपको स्वार्थ से परे ले जाता है
- जो आपके चरित्र की पहचान तय करता है
- जो आपको साधारण से असाधारण बनाता है

कर्तव्य जीवन को अर्थ देता है।
एक ऐसा अर्थ जो परिस्थितियों, सफलता या असफलता पर नहीं, बल्कि आपके इरादे, सत्य और कर्म पर आधारित होता है।

कर्तव्य क्या है? सबसे सरल परंतु सबसे गहरा उत्तर

कर्तव्य वह कर्म है
जो **आपको करना चाहिए**,
आपके **मूल्यों** के अनुसार,
आपकी **भूमिका** के अनुसार,
आपकी **परिस्थितियों** के अनुसार,`
और आपकी **आंतरिक आवाज़** के अनुसार।

कर्तव्य वह है

- जो आपको भीतर से सही लगता है
- जो जीवन में संतुलन लाता है
- जो आपको भ्रम नहीं, स्पष्टता देता है
- जो आपको "क्यों करूँ?" के प्रश्न से मुक्त कर देता है
- जो आपको हर हाल में आगे बढ़ने की शक्ति देता है

कर्तव्य कोई बाहरी नियम नहीं
कर्तव्य एक **आंतरिक प्रतिज्ञा** है।

गीता का मूल सिद्धांत: कर्तव्य ही धर्म है

भगवद्गीता का सार एक ही वाक्य में समाहित है

"नियतं कुरु कर्म त्वम्" — अपना नियत कर्तव्य करो।

कृष्ण अर्जुन से युद्ध की बात नहीं कर रहे थे;
वे जीवन के मूल नियम की बात कर रहे थे।

कृष्ण यह स्पष्ट करते हैं:

- कर्तव्य के बिना कर्म भ्रम है
- कर्तव्य के बिना लक्ष्य अधूरा है
- कर्तव्य के बिना स्वभाव अनियंत्रित है
- कर्तव्य के बिना धर्म अधूरा है
- कर्तव्य के बिना जीवन दिशाहीन है

गीता यह नहीं कहती कि कर्तव्य आसान है,
गीता कहती है कि कर्तव्य आवश्यक है।

आज भी हर व्यक्ति का जीवन उतना ही जटिल है जितना अर्जुन का युद्धक्षेत्र।

हर दिन हमारे भीतर
इच्छाओं, डर, मोह, अपेक्षाओं और जिम्मेदारियों का महासंग्राम चलता है।

गीता का संदेश कालातीत है:

कर्तव्य का पालन करो, परिणाम की चिंता मत करो।

कर्तव्य ही शुद्ध कर्म है

"सही इरादा, सही प्रयास
यही कर्म का सार है।"

कर्तव्य का सत्य यही है

कर्तव्य हमें भारी नहीं बनाता,
कर्तव्य हमें शुद्ध करता है।

कर्तव्य में आसक्ति नहीं होती,
लेकिन गहराई होती है।

कर्तव्य में बल नहीं होता,
लेकिन शक्ति होती है।

कर्तव्य में अहं नहीं होता,
लेकिन आत्म-स्थिरता होती है।

मनुष्य का स्वभाव — कर्म करता है, लेकिन कर्तव्य ढूँढता है

हर व्यक्ति अपने जीवन में कार्य करता है
लेकिन उसका मन हमेशा एक प्रश्न पूछता रहता है

"मैं यहाँ क्यों हूँ?"
"मुझे क्या करना चाहिए?"
"इस जीवन का उद्देश्य क्या है?"

इन प्रश्नों का उत्तर एक ही है

कर्तव्य।

कर्म हमें आगे बढ़ाता है,
कर्तव्य हमें सही दिशा में बढ़ाता है।
कर्म परिणाम देता है,
कर्तव्य पहचान देता है।
कर्म बदलता है,
कर्तव्य स्थिर रहता है।
कर्म थका सकता है,
कर्तव्य प्रेरित करता है।

इसलिए मनुष्य केवल कर्म से संतुष्ट नहीं रह सकता
वह कर्तव्य ढूँढता है
क्योंकि कर्तव्य ही उसे उसकी स्वयं की परिभाषा देता है।

कर्तव्य के तीन केंद्र (The Three Pillars of Duty)

मनुष्य के जीवन में कर्तव्य तीन स्तरों पर कार्य करता है:

(1) आत्म-कर्तव्य – स्वयं के प्रति

यह वह कर्तव्य है जो हमने स्वयं के प्रति निभाना है:

- सत्य बोलना
- स्वस्थ रहना
- मानसिक शांति बनाए रखना
- आत्म-अनुशासन विकसित करना
- अपने कौशल को निखारना
- अपने विचारों को पवित्र रखना
- स्वयं को मजबूत करना

(2) सामाजिक कर्तव्य – भूमिका के प्रति

यह कर्तव्य हमारी भूमिकाओं से परिभाषित होता है:

- पुत्र/पुत्री
- माता/पिता
- मित्र
- शिष्य

- शिक्षक
- नागरिक
- नेता
- कर्मचारी/उद्यमी

  हर भूमिका का एक नैतिक ढाँचा होता है।
  उसे निभाना ही कर्तव्य है।

(3) आध्यात्मिक कर्तव्य – अस्तित्व के प्रति

यह वह कर्तव्य है जो मानवता, प्रकृति, ब्रह्मांड और ईश्वर के प्रति है:

- करुणा
- सेवा
- संतुलन
- सत्य
- न्याय
- आत्म-विकास

यह कर्तव्य हमें अहंकार से मुक्त करता है
और चेतना से जोड़ता है।

कर्तव्य बोझ नहीं—स्पष्टता है

लोग कहते हैं—कर्तव्य कठिन है।

कठिन इसलिए लगता है
क्योंकि हम कर्तव्य को बोझ की नज़र से देखते हैं।

लेकिन वास्तव में...

कर्तव्य बोझ नहीं
कर्तव्य एक *दिशा* है।

कर्तव्य चिंता नहीं
कर्तव्य स्पष्टता है।

कर्तव्य मजबूरी नहीं
कर्तव्य स्वतंत्रता है।

कर्तव्य सीमित नहीं करता
कर्तव्य उन्नति का मार्ग बनाता है।

जिस व्यक्ति ने अपने कर्तव्य को पहचान लिया
उसके जीवन में
भटकाव, द्वंद्व, भ्रम, अस्थिरता
सब कम हो जाते हैं।

क्योंकि निर्णय पहले ही तय है
जो सही है, वही करना है।

क्यों कर्तव्य जीवन में शक्ति देता है?

कर्तव्य का सत्य यह है कि
यह व्यक्ति को पाँच स्तरों पर उन्नत करता है

1. मानसिक शक्ति

कर्तव्य मन को स्थिर रखता है।
प्रयोजन स्पष्ट हो तो मन बेचैन नहीं होता।

2. भावनात्मक शक्ति

कर्तव्य व्यक्ति को दोष, भय और अफ़सोस से मुक्त करता है।

3. नैतिक शक्ति

कर्तव्य चरित्र का निर्माण करता है
जो व्यक्ति को सम्मानित बनाता है।

4. सामाजिक शक्ति

कर्तव्य विश्वसनीयता बनाता है
और विश्वसनीय लोग दुर्लभ होते हैं।

5. आध्यात्मिक शक्ति

कर्तव्य व्यक्ति को चेतना में उठाता है
जहाँ कर्म योग बन जाता है।

मनोविज्ञान कहता है: कर्तव्य व्यक्ति को स्थिर बनाता है

मनोविज्ञान के अनुसार
मनुष्य की सबसे बड़ी ज़रूरत है— **एक स्थिर उद्देश्य।**

कर्तव्य यह स्थिरता देता है।
यह “Why” को स्पष्ट करता है।

अत्यधिक तनाव, चिंता और भ्रम
उन लोगों में अधिक होता है
जिन्होंने अपना कर्तव्य नहीं पहचाना है।

क्योंकि
जहाँ उद्देश्य नहीं होता,
वहाँ मानसिक ऊर्जा दिशा नहीं पाती
और उलझन में बदल जाती है।

कर्तव्य मन को दिशाहीनता से बचाता है।

आधुनिक जीवन में कर्तव्य — क्यों पहले से अधिक महत्वपूर्ण है?

आज दुनिया में

- तेज़ी बहुत है
- अवसर बहुत हैं
- विचलन बहुत है
- प्रतिस्पर्धा बहुत है
- तुलना बहुत है

इस वजह से
मनुष्य अपने मूल केंद्र से भटकता चला जाता है।

कर्तव्य आधुनिक जीवन में
एंकर (Anchor) की तरह काम करता है
जैसे तूफान में नाव को बचाने वाला खूँटा।

कर्तव्य कहता है

**"दुनिया चाहे जितनी बदल जाए,
तुम्हें वही करना है जो सही है।"**

और यही स्थिरता आज सबसे दुर्लभ है।

कर्तव्य का विज्ञान — न्यूरोसाइंस से जुड़ा सत्य

न्यूरोसाइंस बताता है कि

जब व्यक्ति अपने मूल्यों के अनुसार कार्य करता है
तो मस्तिष्क में
Serotonin और Dopamine का संतुलित स्राव होता है।
कर्तव्य पूरा होने पर मनुष्य को "Silent Satisfaction" मिलती है
जो नशे, मनोरंजन या तुलना में नहीं मिल सकती।

कर्तव्य का विज्ञान कहता है:
कर्तव्य-निष्ठ व्यक्ति सुखी होता है।

कबीर का सत्य — कर्म ही सच्चा धर्म है

कबीर का संदेश यह है

- कर्म पवित्र हो
- मन स्वच्छ हो
- इरादा निर्मल हो

परिणाम ईश्वर पर छोड़ दो
इसी से आंतरिक शांति मिलती है।

कर्तव्य क्यों कठिन लगता है?

कर्तव्य कठिन इसलिए नहीं है
क्योंकि यह भारी है
कर्तव्य कठिन इसलिए लगता है
क्योंकि हमारी इच्छाएँ
क्षणिक सुख चाहती हैं।
कर्तव्य दीर्घकालिक सत्य है,
इच्छाएँ तात्कालिक सुख।
कर्तव्य समर्पण चाहता है,
इच्छाएँ सुविधा।
कर्तव्य दृढ़ता चाहता है,
इच्छाएँ भावनाओं पर चलती हैं।
कर्तव्य और इच्छाओं का यह द्वंद्व
मनुष्य का सबसे बड़ा संघर्ष है।

कर्तव्य का सत्य — यह हमें मुक्त करता है

यह अध्याय समाप्त करते समय
एक अंतिम, गहरा सत्य:

कर्तव्य व्यक्ति को

भ्रम, भय, अस्थिरता और असंतुलन
सबसे मुक्त कर देता है।

कर्तव्य आपको बंधन नहीं देता,
कर्तव्य आपको *दिशा* देता है।

समापन — कर्तव्य ही जीवन का सबसे शुद्ध सत्य

अध्याय का निष्कर्ष स्पष्ट है:

- कर्तव्य जीवन की जड़ है
- कर्तव्य मन का प्रकाश है
- कर्तव्य चरित्र की नींव है
- कर्तव्य धर्म का सार है
- कर्तव्य कर्म का सत्य है
- कर्तव्य चेतना की चोटी है

जब व्यक्ति कर्तव्य को समझ लेता है,
उसका जीवन एक युद्धक्षेत्र नहीं
एक साधना बन जाता है।

कर्म बदलते रहते हैं
पर कर्तव्य स्थिर रहता है।
और यही स्थिरता
मनुष्य को भीतर से अजेय बनाती है।

अध्याय – 2

कर्तव्य ही कर्म है

कर्म का मनोवैज्ञानिक, आध्यात्मिक और लौकिक अर्थ

जब कर्म कर्तव्य बन जाए

मनुष्य हर दिन अनगिनत कर्म करता है
सोचता है, बोलता है, काम करता है, निर्णय लेता है, प्रतिक्रिया देता है।
लेकिन इन सबके बीच एक प्रश्न बहुत कम लोग पूछते हैं:

"क्या मैं जो कर रहा हूँ, वह मेरा कर्तव्य है?"

क्योंकि कर्म बहुत हो सकते हैं,
पर कर्तव्य सीमित, स्पष्ट और अर्थपूर्ण होते हैं।
कर्म कभी-कभी परिस्थितियाँ करवा देती हैं,
लेकिन कर्तव्य स्वयं मन प्रेरित करता है।
कर्म इसलिए किया जाता है कि काम पूरा हो जाए;
कर्तव्य इसलिए किया जाता है कि जीवन पूरा हो जाए।

इस अध्याय का सार यही है:

जब कर्म कर्तव्य बन जाता है,
तभी वह पवित्र, सार्थक और स्थायी हो जाता है।

कारीगर की तरह काम करना कर्म है।
साधक की तरह काम करना कर्तव्य है।
ईमानदार मन से काम करना कर्म है।
सजग मन से काम करना कर्तव्य है।
दिखावे के लिए काम करना कर्म है।
समर्पण से काम करना कर्तव्य है।

कर्तव्य और कर्म का अंतर वही है
जो सूखे पौधे और फलदार वृक्ष में होता है।

इस अध्याय में हम तीन दृष्टियों से इस सत्य को समझेंगे:

A) मनोवैज्ञानिक अर्थ (Psychological Meaning)

B) आध्यात्मिक अर्थ (Spiritual Meaning)

C) लौकिक और व्यावहारिक अर्थ (Worldly/Practical Meaning)

और अंत में यह भी कि
क्यों कर्तव्य ही कर्म का सबसे गहरा सत्य है।

कर्म और कर्तव्य — दो शब्द, दो दुनियाएँ

दोनों अलग-अलग चेतनाओं से निकलते हैं।

कर्म = कार्य
कर्तव्य = उत्तरदायित्वपूर्ण कार्य

कर्म कभी भी किया जा सकता है।
कर्तव्य वही किया जाता है
जिसे करना चाहिए,
जिसे न करना स्वयं के विरुद्ध जाना है।

कर्म भावनाओं पर निर्भर हो सकता है:

- मन हुआ तो किया
- मन नहीं हुआ तो छोड़ दिया

कर्तव्य भावनाओं से परे है:

- मन न भी हो, फिर भी करना है
- सही क्या है, वही करना है

कर्म परिणाम चाहता है।
कर्तव्य शुद्धता चाहता है।

कर्म व्यक्ति को काम करने वाला बनाता है।
कर्तव्य व्यक्ति को चरित्रवान बनाता है।

मनोवैज्ञानिक अर्थ — कर्तव्य मानसिक स्थिरता देता है

मनोविज्ञान बताता है कि
मनुष्य का मन हमेशा दो खेमों में बँटा होता है:

- इच्छा
- आवश्यकता
- आलस्य
- कर्तव्य
- भय
- जिम्मेदारी

इच्छाएँ अनिश्चित हैं, कर्तव्य निश्चित है।

इच्छाएँ मन को भटकाती हैं, कर्तव्य मन को केंद्रित करता है।

इच्छाएँ तात्कालिक सुख देती हैं, कर्तव्य दीर्घकालिक संतुष्टि।

जब व्यक्ति कर्तव्य के आधार पर कर्म करता है,
उसके भीतर तीन मानसिक परिवर्तन होते हैं:

a) मानसिक स्पष्टता (Mental Clarity)

कर्तव्य निर्णय को आसान बना देता है।
क्योंकि प्रश्न अब यह नहीं रहता— *"मन क्या चाहता है?"*
बल्कि यह बन जाता है— *सही क्या है?"*

b) मानसिक स्थिरता (Mental Stability)

कर्तव्य व्यक्ति को भावनात्मक उतार-चढ़ाव से बचाता है।
वह बाहरी परिस्थितियों का दास नहीं रहता।
वह स्वयं का मार्गदर्शक बन जाता है।

c) पहचान (Identity) का निर्माण

मनोविज्ञान के अनुसार

Identity = Repeated Actions Based on Values
कर्तव्य उन्हीं Values को सक्रिय करता है।

जो व्यक्ति कर्तव्य-निष्ठ है,
उसका मन मजबूत, स्थिर और संतुलित होता है।

d) मस्तिष्क का विज्ञान — कर्तव्य सकारात्मक न्यूरल पथ बनाता है

आधुनिक न्यूरोसाइंस बताती है कि मनुष्य का मस्तिष्क उन्हीं रास्तों से चलता है जिन्हें वह नियमित रूप से उपयोग करता है।

कर्तव्य-आधारित कर्म:

- अनुशासन पैदा करते हैं
- निर्णय क्षमता बढ़ाते हैं
- भावनाएँ नियंत्रित करते हैं
- आत्मविश्वास बढ़ाते हैं
- लंबी अवधि के लक्ष्य पूरा करते हैं

यही वह कारण है कि कर्तव्य तक पहुंचने वाले कर्म
व्यक्ति के दिमाग को दीर्घकालिक रूप से बदल देते हैं।

कर्तव्य = Brain Rewiring Mechanism

जो व्यक्ति अपने कर्तव्य के प्रति जागरूक है,
उसका मस्तिष्क लक्ष्य-उन्मुख (Goal Oriented) हो जाता है।

आध्यात्मिक अर्थ — कर्तव्य कर्म को योग बनाता है

आध्यात्मिकता में कर्म का अर्थ केवल कार्य नहीं, चेतना की दिशा है।
कर्म दो प्रकार का हो सकता है:

1. बंधनकारी कर्म (Binding Karma)

जो अहंकार, भय, लोभ, इच्छाओं से उत्पन्न हो।

2. मुक्ति दायक कर्म (Liberating Karma)

जो समर्पण, सत्य और कर्तव्य से जन्म ले।

जब कर्म "कर्तव्य" बन जाता है,
तो वह फल से मुक्त हो जाता है और योग बन जाता है।

गीता का सार यही है:

"नियतं कुरु कर्म त्वम्।"

अपना नियत कर्तव्य करो।

कर्म को कर्तव्य बनाते ही व्यक्ति —

- फल की चिंता से मुक्त
- अहंकार से मुक्त
- भय से मुक्त
- अस्थिरता से मुक्त
- भ्रम से मुक्त

हो जाता है।

कर्तव्य = आध्यात्मिक मुक्ति का पहला द्वार

कबीर और कर्तव्य — सरल भाषा में गहन सत्य

कबीर कर्म को कर्तव्य की कसौटी पर आँकते हैं।

वे कहते हैं: **"करनी कर सोई धरनी।"**

करणी (सही कर्म) ही धरनी (धर्म) है।

कबीर के लिए:

- कर्म = प्रयास
- कर्तव्य = सत्य
- धर्म = कर्म + सत्य

कर्तव्य ही धर्म है क्योंकि वह आत्मा का आदेश है।

कबीर का संदेश स्पष्ट है:

कर्म करो, पर अपने कर्तव्य के अनुरूप करो।
यही सच्ची आध्यात्मिकता है।

कर्तव्य ही शुद्ध कर्म है

कर्म के तीन स्तर :

1. **चित्त कर्म (Mental Karma)**
2. **वाणी कर्म (Verbal Karma)**
3. **कायिक कर्म (Physical Karma)**

लेकिन इनमें सबसे ऊँचा है — **चित्त कर्म**, अर्थात् इरादे का कर्म।

"इरादा ही कर्म है।"

जब इरादा कर्तव्य से प्रेरित हो, तो कर्म शुद्ध हो जाता है।

जो दीपक अंधकार में होता है

अंतर यात्रा को दिशा देने वाला प्रकाश होता है ।

लौकिक दृष्टि — कर्तव्य जीवन को व्यवस्थित करता है

दुनिया में हर व्यक्ति किसी न किसी भूमिका में होता है:

- परिवार में
- समाज में
- पेशे में
- देश में
- संबंध में

हर भूमिका का एक कर्तव्य है।

इन कर्तव्यों को समझ लेना , जीवन का आधा युद्ध जीत लेने जैसा है।

लौकिक रूप से कर्तव्य यह सुनिश्चित करता है:

- जीवन व्यवस्थित रहे
- संबंध मजबूत रहें
- समाज में संतुलन रहे
- व्यक्ति विश्वसनीय बने
- लक्ष्य पूरे हों
- अनुशासन कायम रहे

कर्तव्य समाज का वह तंत्र है
जो व्यवस्था को जीवित रखता है।

क्यों "कर्म" और "कर्तव्य" का मिलन आवश्यक है?

कर्म केवल प्रयास है।
कर्तव्य केवल दिशा है।
दोनों मिलें तो ही पूर्णता आती है।

यदि केवल कर्म है तो भटकाव है।

यदि केवल कर्तव्य है तो कठोरता है।

लेकिन दोनों का मेल जीवन को संतुलन देता है।

कर्म + कर्तव्य =

करुणा + साहस + सत्य + अनुशासन + उद्देश्य

यही संयोजन एक साधारण जीवन को महान जीवन में बदल देता है।

कर्तव्य क्यों कठिन लगता है? — मनोवैज्ञानिक विश्लेषण

कर्तव्य कठिन इसलिए लगता है
क्योंकि वह मन की इच्छाओं से नहीं,
दिल की जिम्मेदारियों से निकला होता है।

इच्छाएँ कहती हैं:

- आराम करो
- टालो
- तुलना करो
- प्रतिक्रिया दो

कर्तव्य कहता है:

- उठो
- करो
- सच्चे रहो
- सजग रहो

कर्तव्य मन को उसके निम्न स्तर से उठाकर
उच्च मानसिक अवस्था में ले जाता है।

इसीलिए कठिन लगता है। पर इसी में विकास छिपा है।

कर्तव्य भावनाओं को परिष्कृत करता है

कर्तव्य व्यक्ति को तीन भावनात्मक गुण देता है:

1. अनुशासन (Discipline)

अनुशासन मन को केंद्रित रखता है।
कर्तव्य बिना अनुशासन के पूरा नहीं होता।

2. धैर्य (Patience)

धैर्य कर्तव्य का साथी है।
कर्तव्य जल्दी-जल्दी नहीं, धीरे-धीरे फल देता है।

3. समत्व (Equanimity)

सफलता-असफलता में संतुलन।
यही कर्तव्य की सबसे बड़ी मानसिक देन है।

सबसे बड़े योद्धा वही हैं
जो समत्व में रहते हैं।

कर्तव्य व्यक्ति को भीतर से अजेय क्यों बनाता है?

क्योंकि कर्तव्य व्यक्ति को:

- स्पष्ट दिशा देता है
- मानसिक शक्ति देता है
- भावनात्मक स्थिरता देता है
- आत्म-सम्मान देता है
- सामाजिक सम्मान देता है
- आध्यात्मिक उन्नति देता है
- जीवन में अर्थ देता है

कर्तव्य निभाने वाला व्यक्ति
किसी पर निर्भर नहीं रहता।
वह स्वयं के प्रकाश में चलता है।

यही स्वतंत्रता है।
यही शक्ति है।
यही अजेयता है।

कर्म तभी पवित्र होता है जब वह कर्तव्य से जन्म ले

एक व्यक्ति एक कार्य कर सकता है
सफल होने के लिए
या
सही होने के लिए।

पहला कर्म है।
दूसरा कर्तव्य है।

पहला दुनिया का है।
दूसरा आत्मा का है।

पहला अहं पर आधारित है।
दूसरा धैर्य और सत्य पर।

कर्म को कर्तव्य में बदलने का सूत्र यही है:

**"जो करना चाहिए, वही करना।
और उसी भाव से करना, जो पवित्र हो।"**

तभी कर्म योग बनता है।
तभी कर्म स्वतंत्र बनता है।
तभी कर्म फलदायक बनता है।

कर्तव्य, कर्म और धर्म — तीनों का संगम

कर्तव्य वह है जिसे आत्मा स्वीकृति देती है।

कर्म वह है जिसे शरीर करता है।

धर्म वह है जिसे चेतना स्वीकार करती है।

जब तीनों एक हो जाते हैं— यही जीवन का सर्वोच्च संतुलन है।

कर्तव्य = धर्म का व्यावहारिक रूप
धर्म = कर्तव्य का आध्यात्मिक रूप
कर्म = कर्तव्य का बाहरी रूप

ये तीनों मिलकर व्यक्ति को पूर्ण बनाते हैं।

कर्तव्य और समय — सही समय पर सही कर्म

कर्तव्य का पालन समय से जुड़ा है।
क्योंकि हर कर्तव्य का एक "सही समय" होता है।

- सुबह उठना स्वास्थ्य का कर्तव्य
- काम करना जीवन का कर्तव्य

- परिवार निभाना संबंध का कर्तव्य
- सीखना स्वयं का कर्तव्य
- समाज के प्रति ईमानदार रहना नागरिक धर्म
- सत्य का पालन करना आत्मा का कर्तव्य

कर्तव्य को समय पर पूरा करना ही कर्म का सर्वोच्च रूप है।

समय पर किया गया कर्तव्य , भविष्य बना देता है।

जीवन में कर्तव्य का अभ्यास — कैसे शुरू करें?

कर्तव्य कोई भारी सिद्धांत नहीं है।
यह जीवन का बेहद सरल नियम है।
इसे रोज़मर्रा में ऐसे अपनाएँ:

1. **हर सुबह खुद से पूछें:**
   "आज मेरा कर्तव्य क्या है?"
2. **दो निर्णय ऐसे लें जो सही हों, आसान नहीं।**
3. **किसी एक इच्छा को आज त्याग दें।**
4. **किसी एक कर्तव्य को पूरी निष्ठा से पूरा करें।**
5. **दिन का अंत इस प्रश्न से करें:**
   "क्या आज मैंने अपना कर्तव्य निभाया?"

इन पाँच steps से व्यक्ति का कर्म-पथ कर्तव्य-पथ में बदल जाता है।

कर्तव्य ही कर्म का सर्वोच्च रूप है

इस अध्याय की आत्मा यही है:

कर्म बहुत हैं, लेकिन कर्तव्य एक है
और वही जीवन का मार्ग है।

कर्म हाथों से होता है , कर्तव्य आत्मा से।

कर्म बदलता रहता है , कर्तव्य स्थिर रहता है।

कर्म दुनिया को प्रभावित करता है।
कर्तव्य व्यक्ति को।

कर्म करने से जीवन चलता है।
कर्तव्य करने से जीवन सँवरता है।

कर्तव्य ही कर्म है
क्योंकि—

- वह मन को केंद्रित करता है
- आत्मा को शुद्ध करता है
- चरित्र को मजबूत करता है
- दिशा देता है
- संतुलन देता है
- मुक्ति देता है

और अंत में

कर्तव्य ही वह सत्य है
जो मनुष्य को उसके सर्वोच्च स्वरूप तक पहुँचाता है

अध्याय – 3

कर्म का विज्ञान

कर्म का मनोवैज्ञानिक, आध्यात्मिक और लौकिक अर्थ

कर्म क्या है? विज्ञान, दर्शन और आत्मा का संगम

जीवन में हर पल कुछ न कुछ घट रहा है।

हम जागते हैं, चलते हैं, बोलते हैं, सोचते हैं, प्रतिक्रिया देते हैं, निर्णय लेते हैं, काम करते हैं।

लेकिन सवाल यह है—

क्या हर काम, हर सोचना, हर प्रतिक्रिया "कर्म" है?
क्या कर्म केवल वह है जो हम करते हैं?
या वह भी है जो हम महसूस करते हैं—जो हम सोचते हैं—जो हम चाहते हैं—जो हम बनने की कोशिश करते हैं?

कर्म का विज्ञान इसी प्रश्न की गहराई से शुरुआत करता है।

कर्म केवल "Action" नहीं है।

कर्म वह पूरा तंत्र है जिसके आधार पर व्यक्ति का जीवन चलता है।

गीता में अर्जुन को समझाते हुए भगवान कृष्ण पूरे ब्रह्मांड का सबसे बड़ा मनोवैज्ञानिक और दार्शनिक सिद्धांत देते हैं:

"कर्मण्येवाधिकारस्ते मा फलेषु कदाचन।"

तुम्हारा अधिकार केवल कर्म पर है, फल पर नहीं।

यह वाक्य केवल एक उपदेश नहीं, यह कर्म-वैज्ञानिक सूत्र है।

इस अध्याय में हम समझेंगे:

- कर्म क्या है
- कर्म कैसे बनता है
- कर्म का मनोविज्ञान
- कर्म का आध्यात्मिक विज्ञान
- कर्म और भाव का संबंध
- कर्म और विचारों का संबंध
- कर्म-संस्कार
- कर्म-फल के नियम
- क्यों कर्म व्यक्ति की नियति बन जाता है
- कर्म जीवन को कैसे डिजाइन करता है
- कर्म-योग का आधुनिक विज्ञान

और सबसे मुख्य

कर्म का विज्ञान समझकर जीवन को कैसे बदला जा सकता है?

यह अध्याय एक ऐसा वैचारिक कम्पास है जो आपको भीतर से दिशा देता है।

कर्म की मूल परिभाषा — क्रिया नहीं, चेतना का प्रवाह

सामान्य लोग कर्म को "Action" मानते हैं।
लेकिन यह परिभाषा अधूरी है।

कर्म =

इरादा (Intention) + भावना (Emotion) + विचार (Thought) + क्रिया (Action) + प्रभाव (Impact)

इसलिए कर्म केवल "क्रिया" नहीं,
कर्म एक "ऊर्जा चक्र" है।

यदि केवल क्रिया कर्म होती,
तो एक ही कार्य दो लोगों के लिए समान फल देता।
लेकिन ऐसा कभी नहीं होता।

जो दान अहंकार से किया जाए
वह व्यक्ति को आंतरिक शांति नहीं देता

बल्कि अहं को बढ़ाता है।
पर वही दान करुणा से किया जाए
तो भीतर एक उष्मा पैदा करता है।

एक कर्म,
दो भाव,
दो परिणाम।

तो वास्तविक क्या है?

भाव!

यही कर्म का विज्ञान है।

कर्म चेतना-आधारित क्यों है?

क्योंकि मनुष्य शरीर से कम,

चेतना से अधिक जीता है।

आपका जीवन केवल यह नहीं तय करता कि आपने क्या किया,
बल्कि यह कि क्यों किया, कैसे किया, और किस मनस्थिति में किया।

चेतना वह स्तर है
जहाँ से कर्म प्रारंभ होता है।

तभी गीता में कृष्ण "कर्मयोग" की बात करते हैं
न कि केवल "कर्म" की।

कर्मयोग =

सजगता + समर्पण + शुद्ध भाव + सटीक क्रिया

कर्मयोग वह अवस्था है
जिसमें कर्म साधना बन जाता है।

मनोविज्ञान का नियम

Thought → Emotion → Action → Result → Identity

कर्म का विज्ञान आधुनिक मनोविज्ञान से पूरी तरह मेल खाता है।

1. **विचार (Thought)**
   आप जो सोचते हैं, वही भाव बनाते हैं।
2. **भावना (Emotion)**
   भावना क्रिया को ऊर्जा देती है।
3. **क्रिया (Action)**
   क्रिया स्वरूप लेती है।
4. **परिणाम (Result)**
   परिणाम जीवन को दिशा देता है।
5. **पहचान (Identity)**

दोहराए गए कर्म व्यक्ति का चरित्र बनाते हैं।

यह चक्र मनोविज्ञान का आधारभूत सिद्धांत है।

इस चक्र को तोड़ना या इसे शक्तिशाली बनाना
व्यक्ति के हाथ में है।

कर्म मन से पैदा होता है, हाथ से नहीं

यह सबसे महत्वपूर्ण बिंदु है।

कर्म का जन्मस्थान: मन

कर्म का आरंभ क्रिया से होता है।
लेकिन कर्म उससे पहले शुरू हो जाता है

विचार में।

जब आप किसी कार्य के बारे में सोचते हैं,
वहीं पर कर्म का बीज बोया जाता है।

आपकी सोच ही कर्म का बीज है।
आपकी भावना कर्म की मिट्टी है।
आपका इरादा कर्म का जल है।
और आपकी क्रिया
कर्म का अंकुर है।

गीता में कहा गया है

"मनसा, वाचा, कर्मणा।"

यानी सोचने, बोलने और करने से कर्म बनता है।

सबसे गहरे कर्म

मानसिक होते हैं।

कर्म का भाव — कर्म को श्रेष्ठ या अशुभ बनाता है

कर्म का भाव (Emotion behind action)
उस कर्म का परिणाम तय करता है।

एक उदाहरण देखें:

दो लोग मंदिर में दान करते हैं।

पहला दान करता है ताकि लोग उसकी तारीफ़ करें।
दूसरा दान करता है ताकि किसी की पीड़ा कम हो।

दोनों ने एक ही "Action" किया, लेकिन दोनों के "कर्म" अलग हैं।

किसी क्रिया को पवित्र बनाता है

भाव।

यह कर्म का वैज्ञानिक सत्य है।

भाव → ऊर्जा → परिणाम।

यदि भाव भय में है

कर्म कमजोर होगा।

यदि भाव अहं में है

कर्म दूषित होगा।

यदि भाव करुणा में है

कर्म शक्तिशाली होगा।

यदि भाव समर्पण में है

कर्म योग बन जाएगा।

कर्म-संस्कार — मन के अनजाने रिकॉर्ड्स

कर्म एक बार करके खत्म नहीं होता।
वह मन की चेतना में imprint छोड़ता है।

इसे कहते हैं— **संस्कार।**

संस्कार = Repeated Action → Permanent Pattern

कुछ संस्कार जन्म से आते हैं,
कुछ सीख से आते हैं,
कुछ परिस्थितियों से आते हैं, और सबसे अधिक
हमारे रोज़मर्रा के कर्मों से बनते हैं।

संस्कार वही हैं
जो हमें बिना सोचे काम करवाते हैं
जैसे गुस्सा, डर, आलस्य, करुणा, सेवा, प्रेम, ईर्ष्या।

जो गुस्सा बार-बार करता है
गुस्सा उसका स्वभाव बन जाता है।

जो सत्य बोलता है
सत्य उसका चरित्र बन जाता है।

जो आलस्य करता है
आलस्य उसका जीवन बन जाता है।

जो कर्तव्य करता है
कर्तव्य उसका धर्म बन जाता है।

संस्कार *भविष्य लिखते हैं।*

कर्म-फल — यह कैसे और कब मिलता है?

बहुत लोग कर्म-फल को रहस्य, भाग्य या ईश्वर की इच्छा कहते हैं।
लेकिन कर्म-फल पूरी तरह विज्ञान है।

कर्म-फल तीन तरह मिलता है:

(1) तत्काल फल (Immediate Result)

जैसे
गुस्सा किया → संबंध खराब
मदद की → आशीर्वाद मिला
सीखा → ज्ञान बढ़ा

यह फल तुरंत दिखाई देता है।

(2) विलंबित फल (Delayed Result)

जैसे

नियमित अभ्यास → कुछ महीनों में विशेषज्ञता
नियमित अनदेखी → कुछ महीनों में गिरावट

यह फल धीरे-धीरे आता है।

(3) गहरा फल (Karmic Impact)

यह सबसे महत्वपूर्ण है।
यह फल व्यक्ति के स्वभाव, जीवन-दृष्टि और चरित्र में बदल जाता है।

संस्कार = गहरा कर्म-फल।

यह जीवन का blueprint है।

क्यों कुछ लोग बहुत मेहनत करते हैं लेकिन सफल नहीं होते?

क्योंकि मेहनत कर्म का केवल एक हिस्सा है।

कर्म = **इरादा + दिशा + निरंतरता + भाव + प्रयास**

कुछ लोग:

- सही दिशा नहीं चुनते
- गलत भाव से काम करते हैं
- केवल परिणाम चाहते हैं
- निरंतरता नहीं रखते
- बिना सजगता के काम करते हैं

इसलिए प्रयास बहुत होता है परंतु फल कम मिलता है।

कर्म विज्ञान कहता है - **"मेहनत नहीं, पूरा कर्म चाहिए।"**

कर्म का चक्र — Cause → Effect → Cause → Effect

कर्म एक चक्र है।
हर कर्म नया कारण बनाता है।
हर कारण नया प्रभाव बनाता है।

कर्म का चक्र तीन चरणों में चलता है:

1. **इच्छा (Desire)**
2. **कर्म (Action)**
3. **फल (Result)**

और यह फल नई इच्छा पैदा करता है।

इच्छा → कर्म → फल → इच्छा

यही चक्र जीवन का आर्किटेक्चर है।

जिसने इच्छा नियंत्रित की उसने कर्म नियंत्रित किया।
जिसने कर्म नियंत्रित किया उसने जीवन नियंत्रित किया।

प्रतिक्रिया (Reaction) बनाम क्रिया (Action)

मनुष्य दो तरह से कर्म करता है:

1. Reaction Karma

भावना के प्रभाव में किया गया तुरंत व्यवहार।
यह अनियंत्रित होता है।
जैसे—गुस्सा करके बोल देना, आवेश में निर्णय लेना।

Reaction → Regret (प्रतिक्रिया → पछतावा)

2. Conscious Action

सजगता, विवेक और कर्तव्य के आधार पर किया गया कर्म।
यह स्थिरता देता है।

Action → Growth (क्रिया → विकास)

Reaction कर्म को बिगाड़ता है।
Conscious Action कर्म को शक्तिशाली बनाता है।

गीता का कर्म-विज्ञान — कर्म योग

गीता में कर्म को तीन स्तरों पर समझाया गया है:

1. निष्काम कर्म

परिणाम की अपेक्षा छोड़कर कर्म करना।

2. स्वधर्म

अपने स्वभाव के अनुसार कर्म करना।

3. समत्व बुद्धि

सफलता और असफलता में समान रहना।

इन तीनों का अर्थ है:
कर्म तभी सफल होता है
जब वह भाव में स्थिर और चेतना में शुद्ध हो।

कर्म-विज्ञान — मन ही कर्म है

"कर्म का बीज मन में पड़ता है।"

इसका अर्थ

कर्म का आरंभ बाहरी क्रिया से नहीं, आंतरिक इच्छा से होता है।

पूरा विज्ञान इस पर टिका है:

- सही इरादा
- सही प्रयास
- सही सजगता
- सही समझ

यही कर्म को मुक्त बनाते हैं।

क्यों कर्म आत्मा को शुद्ध करता है?

कर्म दो प्रकार का होता है:

1. **बंधने वाला कर्म (Binding Karma)**

   जो कर्म

   - स्वार्थ से
   - भय से
   - तुलना से
   - अहंकार से
   - लालच से

   किया जाए, वह बांधता है।

2. **मुक्त करने वाला कर्म (Liberating Karma)**

   जो कर्म

   - सेवा से
   - सत्य से
   - ईमानदारी से
   - करुणा से
   - कर्तव्य-भाव से

   किया जाए, वह मुक्त करता है।

कर्म मन को बदलता है और मन चेतना को।

कर्म का तंत्रिका-विज्ञान (Neuroscience)

न्यूरोसाइंस कहता है

- हर कर्म नए न्यूरॉन-कनेक्शन बनाता है
- दोहराव से habits बनती हैं
- habits identity बनाती हैं
- identity destiny बनाती है

यानि

कर्म → आदत → चरित्र → भविष्य

कर्म न्यूरल pathways को shape करता है।
रोज़ का कर्म , रोज़ के दिमाग को बदलता है।
आपका मस्तिष्क वही बनता है जो आप रोज़ करते हैं।

कर्म-योग का आधुनिक मनोविज्ञान

कर्म-योग का प्रभाव:

- तनाव कम करता है
- मानसिक स्पष्टता बढ़ाता है
- उत्पादकता बढ़ाता है
- सकारात्मक भावनाएँ पैदा करता है
- भीतर संतुलन लाता है

जब व्यक्ति कर्तव्य के साथ सजगता और समर्पण जोड़ देता है
तो कर्म योग बन जाता है, और योग मन की ऊर्जा को संतुलित करता है।

Mindset Architect दृष्टि

कर्म आपका Operating System है

कर्म को यदि कंप्यूटर-लॉजिक में समझें

- Mind = Processor
- Thoughts = Input
- Actions = Output
- Habits = Software
- Character = Operating System
- Karma = System Architecture

आप जो करते हैं वही आपकी Identity प्रोग्राम करता है।
कर्म की consistency
Identity की reliability बनाती है।
अच्छे कर्म स्थिर सिस्टम हैं।
बुरे कर्म corrupt files की तरह।

कर्म का अंतिम रहस्य- "तुम वही बनते हो जो तुम करते हो"

सत्य सरल है
आपके कर्म आपको परिभाषित करते हैं।
आपके कर्म आपकी दिशा तय करते हैं।
आपके कर्म आपका भविष्य लिखते हैं।

कर्म का विज्ञान कहता है

- आप सोच बदलें → कर्म बदले
- कर्म बदलें → आदत बदले
- आदत बदले → चरित्र बदले
- चरित्र बदले → जीवन बदले

कर्म हर पल आपका भविष्य बना रहा है
भले ही आपको पता न हो।

कर्म विज्ञान को समझना ही जीवन के Operating System को समझना है

कर्म कोई दार्शनिक शब्द नहीं
कर्म जीवन की वास्तविक ऊर्जा है।

कर्म:

- बनाता है
- बदलता है
- सिखाता है
- सजग करता है
- मुक्त करता है
- उठाता है
- जोड़ता है
- दिशा देता है

कर्म का विज्ञान जान लेने के बाद
व्यक्ति में एक नया जन्म होता है।

अब कर्म "बोझ" नहीं रहता
कर्म उसका मार्ग बन जाता है।

अब कर्म "किया हुआ काम" नहीं रहता
कर्म उसकी "आंतरिक साधना" बन जाता है।

अध्याय – 4

स्वधर्म का सिद्धांत

वह आंतरिक मार्ग जो
हर व्यक्ति को अद्वितीय बनाता है

स्वधर्म: हर व्यक्ति की अदृश्य दिशा

मनुष्य जन्म से अदृश्य मार्ग लेकर आता है
एक ऐसा मार्ग जिसे कोई दूसरा नहीं देख सकता,
पर हर व्यक्ति भीतर से जानता है:

"मैं किस मार्ग पर सबसे सत्य हूँ?"

यह मार्ग है
स्वधर्म।

स्वधर्म वह है जो व्यक्ति को
भीतर से सही,
भीतर से सच्चा,
भीतर से पूर्ण
महसूस कराता है।

स्वधर्म वह नहीं है जो समाज कहता है,
वह है जो आत्मा कहती है।

स्वधर्म वह नहीं है जो भीड़ अपनाती है,
वह है जो मनुष्य की विशिष्टता जन्म से लिए चलती है।

स्वधर्म मनुष्य की चेतना का निजी कम्पास है।
जो व्यक्ति अपने स्वधर्म को पहचान लेता है,
उसके जीवन से भ्रम, तुलना, डर और संघर्ष कम हो जाते हैं।

इस अध्याय में हम जानेंगे

- स्वधर्म क्या है?
- यह कर्म, कर्तव्य और धर्म से कैसे अलग है?
- स्वधर्म मनुष्य को इतना अद्वितीय क्यों बनाता है?
- स्वधर्म का मनोवैज्ञानिक और आध्यात्मिक आधार क्या है?
- स्वधर्म कैसे पहचाना जाए?
- स्वधर्म के विरुद्ध जाने से क्या होता है?
- स्वधर्म ही जीवन का वास्तविक सत्य क्यों है?

यह अध्याय जीवन की सबसे आवश्यक खोज पर केंद्रित है

स्वयं का धर्म पहचानना।

स्वधर्म क्या है? — सरल पर गहन परिभाषा

स्वधर्म =

स्वभाव + कर्तव्य + कौशल + सत्य + उद्देश्य

स्वधर्म वह सामंजस्य है

जिसमें व्यक्ति का स्वभाव,
उसका कार्य,
उसकी जिम्मेदारी,
उसकी क्षमता
और उसका उद्देश्य
एक रूप में आ जाते हैं।

एक सरल उदाहरण:

मछली का धर्म है पानी में तैरना।
पेड़ का धर्म है छाया देना।
सूरज का धर्म है प्रकाश देना।

क्या सूरज को कोई आदेश देता है? नहीं।
क्या मछली से कोई कहता है कि तैरो? नहीं।
क्या पेड़ को कोई अनुबंध दिया जाता है कि फल दो? नहीं।

क्यों?

क्योंकि उनका धर्म उनका स्वभाव है।
स्वभाव ही धर्म है।
धर्म ही स्वधर्म है।

जब मनुष्य अपने स्वभाव के विपरीत चलता है
तो संघर्ष पैदा होता है।
और जब स्वभाव के साथ चलता है
तो सहजता, आनंद और उत्कृष्टता जन्म लेती है।

स्वधर्म और धर्म में अंतर — धर्म बाहरी है, स्वधर्म आंतरिक

धर्म अक्सर समाज, समुदाय, परंपरा और संस्कृति से जुड़ा माना जाता है।
लेकिन **स्वधर्म इससे बहुत ऊपर है।**

धर्म

— बाहरी नियम
— सामाजिक व्यवस्था
— सामूहिक मूल्य

— परंपराएँ
— संस्कार

स्वधर्म

— आंतरिक सत्य
— व्यक्तिगत विशिष्टता
— चेतना की दिशा
— प्रकृति का स्वर
— आत्मा की पुकार

धर्म व्यक्ति को समाज में जोड़ता है।
स्वधर्म व्यक्ति को स्वयं में पूरा करता है।

धर्म दिशा दिखाता है।
स्वधर्म गंतव्य दिखाता है।

गीता का स्वधर्म सिद्धांत — मानव जीवन का सबसे गहरा सूत्र

स्वधर्म का सबसे प्रसिद्ध सूत्र गीता में है

"श्रेयान् स्वधर्मो विगुणः परधर्मात्स्वनुष्ठितात्।"

अपना धर्म चाहे अदूरदर्शी हो, फिर भी दूसरे का धर्म उत्तम रूप से करने से अच्छा है।

इसका अर्थ अत्यंत शक्तिशाली है।

कृष्ण कह रहे हैं

- अपनी राह चलो
- चाहे वह कठिन हो
- चाहे वह धीमी हो
- चाहे उसमें असफलता मिले
- पर किसी और की राह पर मत चलो

क्योंकि स्वधर्म व्यक्ति को स्वयं से जोड़ता है।
और परधर्म व्यक्ति को दूसरों से तुलना में फेंक देता है।

गीता यह स्पष्ट करती है:

असफलता अपने मार्ग पर होना श्रेष्ठ है;
सफलता किसी और के मार्ग पर होना नहीं।

यह आध्यात्मिक मनोविज्ञान का शिखर है।

मनोवैज्ञानिक अर्थ

स्वधर्म पहचानने से मन का संघर्ष खत्म होता है

मन का सबसे बड़ा संघर्ष है
तुलना।

तुलना दृष्टि को बाहर की ओर ले जाती है।
स्वधर्म दृष्टि को भीतर लाता है।

तुलना = परधर्म का आकर्षण
स्वधर्म = आत्म-सत्य का आकर्षण

जब व्यक्ति स्वधर्म में स्थिर हो जाता है,
तो उसके भीतर 4 बड़े मानसिक परिवर्तनों का उदय होता है:

A. स्पष्टता (Clarity)

उसे पता होता है कि उसे किस दिशा में प्रयास करना है।

B. ऊर्जा (Vital Energy)

मनुष्य अपनी राह पर चलता है तो ऊर्जा बढ़ती है।
दूसरों की राह पर चलता है तो ऊर्जा घटती है।

C. आत्म-सम्मान (Self-Respect)

स्वधर्म व्यक्ति को सम्मान देता है,
क्योंकि वह अपनी आंतरिक सच्चाई के अनुसार जी रहा होता है।

D. स्थिरता (Stability)

स्वधर्म जीवन को स्थिर कर देता है
क्योंकि संघर्ष अब बाहर नहीं, भीतर ही समाप्त हो जाता है।

स्वधर्म का आध्यात्मिक अर्थ — आत्मा का मार्ग

आध्यात्मिक दृष्टि से स्वधर्म =

जिस दिशा में आपकी आत्मा खिलती है।

स्वधर्म आत्मा की जन्मजात प्रवृत्ति है।
यह वही है जिसे योग शास्त्र में "स्वभाव" कहा गया है।

"तुम्हें वही बनना है जो तुम बन सकते हो।"

यह वाक्य स्वधर्म का सबसे सरल सार है।

आत्मा अपनी प्रकृति से विरुद्ध काम करती है
तो दुख पैदा होता है।

आत्मा अपनी प्रकृति के अनुसार काम करती है
तो मुक्ति, आनंद और शांति पैदा होती है।

लौकिक अर्थ — स्वधर्म उत्कृष्टता पैदा करता है

दुनिया में महानता तभी आती है
जब व्यक्ति अपने स्वधर्म के अनुसार काम करता है।

स्वधर्म के तीन लौकिक लाभ:

a. Expertise (विशेषज्ञता)

जो अपने स्वधर्म को पहचानता है,
वह उसी दिशा में गहराई से उतरता जाता है।
समय के साथ वह अद्वितीय विशेषज्ञ बन जाता है।

b. Consistency (निरंतरता)

स्वधर्म व्यक्ति को थकाता नहीं
बल्कि ऊर्जा देता है।
इसलिए निरंतरता स्वाभाविक हो जाती है।

c. Mastery (श्रेष्ठता)

स्वधर्म ही mastery की पहली और अंतिम शर्त है।

जो व्यक्ति स्वधर्म में जीता है,
वह अद्वितीय बन जाता है
क्योंकि उसकी राह
उसकी प्रकृति से मेल खाती है।

स्वधर्म की पहचान — यह कैसे पता करें कि मेरा स्वधर्म क्या है?

यह सबसे महत्वपूर्ण प्रश्न है।
यह आत्म-यात्रा का आरंभ है।

स्वधर्म की पहचान के 10 गहरे सूत्र नीचे दिए हैं:

1. स्वभाव (Nature)

आपका स्वभाव आपको आपके स्वधर्म की ओर इशारा करता है।
जो सहज लगे, वही स्वधर्म है।

2. रुचियाँ (Interests)

वह काम जो बिना थके करने का मन करे
वही स्वधर्म की दिशा है।

3. Talent (प्रतिभा)

जिन चीज़ों में आप दूसरों से आगे हों
वह स्वधर्म का संकेत है।

4. मूल्य (Values)

आप किन बातों को अपनी जिंदगी में अपरिवर्तनीय मानते हैं?

5. आनंद (Joy Test)

कौन सा काम आपकी आत्मा को खुशी देता है?

6. दर्द (Pain Test)

कौन सा काम न करने पर अस्तित्व के स्तर पर पीड़ा होती है?

7. Contribution

किस तरह आप दुनिया में सर्वाधिक योगदान दे सकते हैं?

8. Feedback of Life

जीवन किन दिशाओं में आपको बार-बार धकेलता है?

9. Flow State

कौन से कार्य करते समय
समय का बोध खत्म हो जाता है?

10. Inner Voice (अंतर्यात्रा की आवाज)

जब आप पूर्ण मौन में होते हैं,
आत्मा किस दिशा में खिंचती है?

इन सभी प्रश्नों के उत्तर
आपको आपके स्वधर्म तक पहुंचाएंगे।

स्वधर्म के खिलाफ जाना — इसके परिणाम

यह अध्याय पूर्ण नहीं होगा
यदि हम यह न समझें कि स्वधर्म के विरुद्ध जाने से क्या होता है।

स्वधर्म के विपरीत जीने वाला व्यक्ति

- लगातार परेशान रहता है
- तुलना में फँसा रहता है
- अपने मूल्य खो देता है
- परिणामों से चिढ़ जाता है
- लोगों को दोष देता है
- मन में शून्यता बढ़ती जाती है
- ऊर्जा गिरती है
- मानसिक संघर्ष बढ़ता है

सबसे बड़ा नुकसान यह है

मनुष्य स्वयं से दूर हो जाता है।

और जब व्यक्ति स्वयं से दूर हो जाता है
तो पूरी दुनिया उसकी दुश्मन लगने लगती है।

स्वधर्म, कर्म और कर्तव्य — तीनों का परस्पर संबंध

कर्म = वह जो आप करते हैं
कर्तव्य = वह जिसे आपको करना चाहिए
स्वधर्म = वह जिसे आप करने के लिए बने हैं

इन तीनों का आपस में संबंध:

- **स्वधर्म दिशा देता है**
- **कर्तव्य जमीन देता है**
- **कर्म wings देता है**

तीनों मिलकर जीवन की संपूर्ण रचना बनाते हैं।

स्वधर्म के बिना कर्तव्य अधूरा।
कर्तव्य के बिना कर्म अंधा।
कर्म के बिना स्वधर्म निष्क्रिय।

ये तीनों मिलकर व्यक्ति को
उद्देश्यपूर्ण, प्रभावी और संतुलित बनाते हैं।

स्वधर्म नेतृत्व का पहला कदम है

सच्चा नेता वही बनता है
जो अपने स्वधर्म को पहचान ले।

क्योंकि

नेता अपनी राह खुद बनाता है

- नेता दिशा दिखाता है
- नेता अनुकरण नहीं करता
- नेता अनुशीलन करता है
- नेता अपने भीतर से फलता है

स्वधर्म व्यक्ति को अनुगामी नहीं,
उद्भावक (Original Creator) बनाता है।

हर महान नेता , सभी अपने स्वधर्म के मार्ग पर चले।

स्वधर्म और साहस — बिना साहस के स्वधर्म नहीं मिलता

स्वधर्म का मार्ग सरल नहीं है।
यह साहस मांगता है:

- भीड़ से अलग होने का साहस
- गलत समझे जाने का साहस
- असफल होने का साहस
- अकेले चलने का साहस
- अपने सत्य के प्रति निष्ठावान रहने का साहस

परंतु इन सबके पार
जो व्यक्ति अपने स्वधर्म को अपनाता है
वह भीतर से अडिग और बाहरी दुनिया में अजेय बन जाता है।

स्वधर्म खोजने वाले व्यक्ति की 10 पहचान

जो व्यक्ति अपने स्वधर्म पर चलता है:

1. वह गहरे शांत होता है
2. वह अत्यधिक केंद्रित होता है
3. वह बहुत ऊँची ऊर्जा वाला होता है
4. वह परिणाम से नहीं डरता
5. वह तुलना नहीं करता
6. वह स्वाभाविक रूप से अनुशासित होता है
7. वह स्वयं में संतुष्ट होता है
8. उसका जीवन उद्देश्यपूर्ण होता है

9. उसका योगदान सार्थक होता है
10. उसकी चेतना साफ़ और निर्मल होती है

स्वधर्म व्यक्ति को भीतर से रोशन कर देता है।

स्वधर्म और आनंद

Bliss Is the By-product of Swadharma

अध्यात्म कहता है

आनंद खोजने से नहीं मिलता,
आनंद स्वधर्म पर चलने का परिणाम है।

जब व्यक्ति अपनी सही राह पर चलता है
तो उसे किसी बाहरी सुख या आदत की आवश्यकता नहीं रहती।

स्वधर्म जीवन में continuous joy लाता है
जिसे संतोष, शांति और पूर्णता कहते हैं।

स्वधर्म और सफलता

Why Swadharma Brings Sustainable Success

सफलता दो तरह की होती है:

1. तेज़ लेकिन अस्थायी
2. धीमी लेकिन स्थायी

स्वधर्म दूसरी सफलता देता है।

क्योंकि:

- व्यक्ति अपनी क्षमता के केंद्र में होता है
- वह आसानी से नहीं थकता
- वह अत्यधिक गुणवत्ता देता है
- वह निरंतरता दिखाता है
- उसका काम उससे बाहर नहीं, भीतर से होता है

इसलिए स्वधर्म पर चलने वाला व्यक्ति
दीर्घकालिक सफलता की ओर बढ़ता है।

स्वधर्म और मुक्ति — Final Spiritual Truth

अंतिम आध्यात्मिक सत्य यह है:

स्वधर्म ही मुक्त करता है।

क्योंकि

- स्वधर्म ही अहंकार को कम करता है
- स्वधर्म ही समर्पण बढ़ाता है
- स्वधर्म ही चेतना को उज्ज्वल करता है
- स्वधर्म ही व्यक्ति को स्वयं से जोड़ता है

मुक्ति कोई दूर की अवस्था नहीं।
यह स्वधर्म के अनुसार जीने का परिणाम है।

स्वधर्म का अंतिम सूत्र

स्वयं वह बनो जो बनने के लिए जन्मे हो

यह अध्याय एक ही सूत्र पर आता है:

स्वधर्म वह है जो आपकी आत्मा आपको बनने के लिए कहती है।

दुनिया आपको जो बनाना चाहती है, वह धर्म है।
आपकी आत्मा आपको जो बनाना चाहती है, वह स्वधर्म है।

शास्त्र कहते हैं:

"अन्ततः प्रत्येक प्राणी अपने स्वभाव के अनुसार ही चलता है।"

इसलिए स्वधर्म को पहचानना

जीवन का पहला, सबसे महत्वपूर्ण निर्णय है।

निष्कर्ष

स्वधर्म ही वह आंतरिक मार्ग है
जो हर व्यक्ति को अद्वितीय बनाता है

स्वधर्म वह चिंगारी है जिससे व्यक्ति में महानता जागती है।

स्वधर्म वह आधार है
जिससे कर्तव्य पूर्ण बनता है।

स्वधर्म वह दिशा है
जिससे कर्म योग बन जाता है।

स्वधर्म वह सत्य है
जो जीवन को अर्थ देता है।

और इसी स्वधर्म से जन्म लेता है
व्यक्ति का

स्वर्णिम मार्ग

अध्याय – 5

धर्म का आंतरिक ज्योति-बिंदु

धर्म कैसे मार्गदर्शन देता है—बिना बंधन के

धर्म का वह प्रकाश जो भीतर जन्म लेता है

जीवन एक यात्रा है
और हर यात्रा को एक दिशा चाहिए।
दिशा के बिना मार्ग कठिन हो जाता है,
और बिना दिशा का जीवन
संघर्ष, भ्रम, अस्थिरता और निर्णयहीनता से भर जाता है।

तभी एक आंतरिक प्रकाश,
एक अदृश्य ज्योति-बिंदु,
हमारे भीतर जन्म लेता है
जिसे शास्त्रों में **धर्म** कहा गया है।

धर्म का अर्थ केवल वह नहीं है
जो समाज, परंपरा या संस्कृति हमें सिखाती है।
धर्म उससे कहीं अधिक गहरा है।

धर्म =
वह आंतरिक प्रकाश जो सही मार्ग बताता है—
बिना किसी बंधन के।

धर्म बेड़ियाँ नहीं डालता।
धर्म व्यक्ति को स्वाधीन बनाता है।

धर्म सीमाएँ नहीं देता।
धर्म चेतना की दिशा देता है।

धर्म नियंत्रण नहीं करता।
धर्म समझ पैदा करता है।

इस अध्याय में हम गहराई से समझेंगे

- धर्म का वास्तविक अर्थ क्या है?
- धर्म बंधन नहीं, प्रकाश क्यों है?
- धर्म और कर्तव्य में क्या अंतर है?
- धर्म कैसे मार्गदर्शन देता है—बिना किसी दबाव के?
- धर्म का मनोवैज्ञानिक और आध्यात्मिक रूप
- धर्म का लौकिक स्वरूप
- धर्म का आंतरिक ज्योति-बिंदु कैसे पहचाना जाए?
- धर्म जीवन में संतुलन, शांति और स्थिरता कैसे लाता है?

- धर्म से मुक्ति कैसे संभव होती है?
- धर्म ही व्यक्ति की सर्वोच्च गाइडिंग सिस्टम क्यों है?

यह अध्याय धर्म को एक नए, गहरे और अनुभवात्मक रूप में प्रस्तुत करेगा।

धर्म का अर्थ — दिशा, सत्य और स्वभाव

धर्म शब्द का मूल अर्थ है

धारण करना

यानी वह जो जीवन को धारण करे,
जीवन को संतुलित रखे,
जीवन को सत्य के मार्ग पर चलाए।

धर्म का अर्थ है

संतुलन
स्वभाव
सत्य
चेतना
अस्तित्व की दिशा

धर्म नियम नहीं है।
धर्म मार्ग है।

धर्म आदेश नहीं है।
धर्म आंतरिक समझ है।

धर्म डर-आधारित नहीं,
धर्म बोध-आधारित है।

धर्म बाहर थोपा नहीं जाता।
धर्म भीतर जागता है।

धर्म और धर्म-व्यवस्था — दोनों अलग हैं

बहुत लोगों के लिए धर्म का मतलब है

- पूजा
- रीति-रिवाज
- संस्कार
- अनुष्ठान

लेकिन यह धर्म का बाहरी आवरण है।
धर्म स्वयं इससे कहीं विशाल है।

धर्म-व्यवस्था = संस्कृति, परंपरा, सामाजिक ढाँचा
धर्म = अस्तित्व का सत्य

धर्म-व्यवस्था बदलती है।
धर्म कभी नहीं बदलता।

धर्म-व्यवस्था बाहरी है।
धर्म आंतरिक है।

धर्म-व्यवस्था बंधन रख सकती है।
धर्म नहीं रखता।

धर्म केवल दिशा देता है।
और व्यक्ति अपने विवेक से उस दिशा का चुनाव करता है।

धर्म का मूल स्वरूप है—
आंतरिक ज्योति-बिंदु।

धर्म क्यों आवश्यक है? — जीवन बिना दिशा भटक जाता है

धर्म व्यक्ति को तीन चीजें देता है:

(1) आंतरिक दिशा (Inner Guidance)

धर्म हमें बताता है:
सही क्या है?
सत्य क्या है?
कौन सा मार्ग हमारा है?

(2) आंतरिक संतुलन (Inner Balance)

भावनाएँ, इच्छा, डर, अहं—ये सब हमें भटका सकते हैं।
धर्म केंद्रित रखता है।

(3) आंतरिक स्थिरता (Inner Stability)

धर्म मन को इस उतार-चढ़ाव वाली दुनिया में ठहराव देता है।

धर्म मनुष्य की आत्मा का स्थायी कम्पास है।

धर्म का मनोवैज्ञानिक अर्थ — नैतिक दिशा और मानसिक शांति

मनोविज्ञान धर्म को “Moral Compass” कहता है।
धर्म व्यक्ति को मन के तीन बड़े संकटों से बचाता है:

1. निर्णयहीनता (Indecision)

धर्म निर्णयों को स्पष्ट करता है।

2. अपराध-बोध (Guilt)

जब निर्णय धर्म के अनुसार हो,
अपराध-बोध नहीं होता।

3. मानसिक संघर्ष (Inner Conflict)

धर्म मन के टकराव को शांत करता है।
धर्म यह कहता है:

"अपने सर्वोत्तम सत्य के अनुसार जियो।"

और जहाँ सत्य है, वहाँ संघर्ष नहीं।
जहाँ धर्म है, वहाँ शांति है।

धर्म का आध्यात्मिक अर्थ — चेतना की ज्योति

आध्यात्मिक रूप से धर्म वह नहीं है
जो परंपरा कहती है,
बल्कि वह है जो चेतना कहती है।

आध्यात्मिक दृष्टि से धर्म =
चेतना की प्राकृतिक अवस्था।

पेड़ का धर्म है बढ़ना।
नदी का धर्म है बहना।
सूरज का धर्म है प्रकाश देना।
हवा का धर्म है चलना।

इसी तरह मनुष्य का भी एक प्राकृतिक धर्म है
जो उसके भीतर से आता है।

धर्म वह है जो आपकी चेतना की गहराई में लिखा है।

धर्म ही स्व-प्रकाश है

धर्म वह प्रकाश है
जो मनुष्य के भीतर जलता है।

धर्म को तीन रूपों में समझें :

1. दम्म (Dhamma)

अस्तित्व का सत्य
(कोई ईश्वरवाद या जाति व्यवस्था नहीं)

2. विनय (Vinaya)

आचरण का अनुशासन
(सरलता, सत्य, अहिंसा)

3. उपेक्षा (Equanimity)

सफलता-असफलता में समभाव

धर्म में
न कोई डर है,
न कोई बाध्यता,
न कोई नियम का बोझ।

वहाँ केवल शुद्ध जिज्ञासा है
और भीतर उगता हुआ प्रकाश।

गीता का धर्म — स्वभाव और कर्तव्य का समन्वय

गीता में धर्म का अर्थ है

स्वभाव + कर्तव्य = धर्म

व्यक्ति का धर्म वही है
जो उसके स्वभाव, उसकी जिम्मेदारी,
और उसके जीवन-सत्य के अनुरूप हो।

कृष्ण कहते हैं:

"स्वधर्मे निधनं श्रेयः।"

अपने धर्म में मरना भी श्रेष्ठ है।

इसका अर्थ यह नहीं कि जीवन त्याग दो
अर्थ यह है कि
दूसरों के मार्ग पर चलने से अच्छा है
कि अपने सत्य पर टिके रहो।

यह वाक्य मानव मनोविज्ञान के लिए अमूल्य है
क्योंकि यह तुलना के दबाव को मिटा देता है।

धर्म = अपने सत्य में स्थिर रहना।

लौकिक अर्थ — धर्म व्यवस्था नहीं, संतुलन है

दुनिया ईमानदारी से तभी चलती है
जब व्यक्ति अपने धर्म को समझता है।

लौकिक रूप से धर्म:

- न्याय है
- सत्य है
- निष्ठा है
- मानवता है
- समर्पण है
- संतुलन है

यह कानून नहीं,
कानून को जन्म देने वाला आधार है।

यह नैतिकता नहीं,
नैतिकता को जन्म देने वाला स्रोत है।

श्रेष्ठ समाज वह नहीं
जहाँ बहुत कानून हों।
श्रेष्ठ समाज वह है
जहाँ लोग अपने धर्म को समझते हों।

आंतरिक ज्योति-बिंदु — धर्म का सबसे गहरा रहस्य

धर्म का सबसे वास्तविक स्वरूप है

Inner Light

वह प्रकाश जो निर्णय के क्षण में रास्ता दिखाता है।

यह कोई आवाज नहीं।
यह एक अनुभूति है।

यह कोई आदेश नहीं।
यह एक स्पष्टता है।

यह कोई नियम नहीं।
यह एक सहज दिशा है।

आंतरिक ज्योति-बिंदु तब सक्रिय होता है:

- जब मन शांत हो
- जब अहं पीछे हट जाए
- जब आत्मा सुनाई दे
- जब व्यक्ति ईमानदार हो
- जब सत्य को स्वीकार किया जाए

इस ज्योति-बिंदु के सक्रिय होते ही
व्यक्ति को पता चल जाता है:
"यह सही है। यही करना है।"
कभी-कभी इतना सरल और इतना स्पष्ट
कि आश्चर्य होता है।

धर्म बंधन क्यों नहीं है?

धर्म बंधन नहीं है क्योंकि

1. धर्म किसी पर थोपता नहीं
धर्म व्यक्ति के स्वभाव से निकलता है।

2. धर्म निर्णय का दबाव नहीं देता
वह सही निर्णय के लिए दिशा देता है।

3. धर्म स्वतंत्रता देता है
क्योंकि सत्य के अनुसार जीना
सबसे बड़ी स्वतंत्रता है।

4. धर्म मन को खुला करता है
धर्म संकीर्ण नहीं, व्यापक है।

5. धर्म विवेक को सक्रिय करता है
वह किसी ठोस नियम की अपेक्षा
अंतर्ज्ञान को महत्वपूर्ण मानता है।

धर्म वह दिशा है
जो मन को ऊँचा उठाती है
वह उसे कठोर नहीं बनाती।

धर्म और कर्तव्य — परस्पर संबंध

धर्म और कर्तव्य दो भिन्न शब्द हैं
पर एक-दूसरे के बिना अधूरे।

धर्म = आंतरिक प्रकाश
कर्तव्य = उस प्रकाश के अनुसार कार्य

धर्म दिशा देता है।
कर्तव्य वह दिशा जमीन पर उतारता है।

धर्म बिना कर्तव्य के अधूरा।
कर्तव्य बिना धर्म के अंधा।

धर्म मन को मार्ग देता है।
कर्तव्य मन को अनुशासन देता है।
धर्म है— *"क्या सही है?"*
कर्तव्य है— *"मुझे क्या करना चाहिए?"*
इन दोनों का मिलन
पूरे जीवन को रूपांतरित कर देता है।

धर्म भावनात्मक शांति कैसे देता है?

धर्म व्यक्ति को भावनात्मक स्थिरता देता है क्योंकि—

- धर्म सच से जोड़ता है
- धर्म अहंकार को तोड़ता है
- धर्म स्वार्थ को शांत करता है
- धर्म तुलना को खत्म करता है
- धर्म भय को कम करता है
- धर्म निर्णयों को स्पष्ट करता है

व्यक्ति जब धर्म में जीता है तो मन का बोझ हल्का हो जाता है।

जो लोग अपने धर्म के अनुसार जीते हैं
उनके हृदय में एक स्थिर शांति होती है
एक ऐसी शांति जो किसी सफलता या परिस्थिति पर निर्भर नहीं।

धर्म का मनोवैज्ञानिक परीक्षण — धर्म क्या कहता है?

धर्म हमेशा चार बातें कहता है:

1. सत्य के साथ चलो

धर्म कभी झूठ में साथ नहीं देता।

2. करुणा रखो

धर्म कठोर नहीं, कोमल होता है।

3. स्थिर रहो

धर्म उतावलेपन को शांत करता है।

4. अपना मार्ग स्वयं चुनो

धर्म स्वतंत्रता देता है, दबाव नहीं।

धर्म मन का गुरु है।
वह सीखाता नहीं—दिखाता है।

धर्म और विवेक — दोनों का एक ही स्रोत

धर्म का दूसरा नाम है

विवेक

यानी सही और गलत को पहचानने की क्षमता।

विवेक वही है जो हमारे भीतर छोटे-से छोटे अवसर पर
सत्य का मार्ग चुनने की शक्ति देता है।

धर्म और विवेक
एक ही प्रकाश के दो रूप हैं।

जहाँ विवेक जागता है
वहीं धर्म सक्रिय होता है।

धर्म और स्वधर्म — दोनों एक ही ज्योति के दो कोण

स्वधर्म = मेरी आंतरिक पुकार
धर्म = अस्तित्व का सार्वभौमिक सत्य

स्वधर्म अद्वितीय है
धर्म सार्वभौमिक है

स्वधर्म व्यक्ति को विशेष बनाता है
धर्म व्यक्ति को संतुलित बनाता है

स्वधर्म आपको दुनिया में आपकी जगह दिखाता है
धर्म आपको सत्य में आपकी जगह दिखाता है

दोनों मिलकर जीवन की पूर्णता गढ़ते हैं।

धर्म, भय और स्वतंत्रता — धर्म भय को नष्ट करता है

जब व्यक्ति धर्म के अनुसार जीने लगता है
तो सबसे पहले **भय समाप्त होता है।**

भय क्यों समाप्त होता है?

क्योंकि:

- धर्म व्यक्ति को अंदर से मजबूत बनाता है
- धर्म असत्य को समाप्त करता है
- धर्म विवेक देता है
- धर्म कर्तव्य की नींव बनाता है
- धर्म निर्णयों में सत्य की शक्ति देता है

जहाँ सत्य है
वहाँ भय नहीं हो सकता।
धर्म व्यक्ति को अजेय बनाता है।

धर्म और कर्म — धर्म कर्म को अर्थ देता है

कर्म बिना धर्म के अंधा है।
धर्म बिना कर्म के अधूरा है।
धर्म कहता है:
"यह सही है।"
कर्तव्य कहता है:
"यह करना चाहिए।"
कर्म कहता है:
"यह किया गया।"
जब तीनों मिलते हैं—
व्यक्ति की चेतना
सबसे ऊँचे स्तर पर पहुँच जाती है।
यही कर्मयोग का रहस्य है।

धर्म का प्रकाश — यह कैसे कार्य करता है?

धर्म पाँच स्तरों पर प्रकाश देता है:

1. विचारों को साफ़ करता है
धर्म भ्रम को दूर करता है।

2. भावनाओं को शांत करता है
धर्म मन को भारी नहीं करता।

3. निर्णयों को सही करता है
धर्म समझदारी देता है।

4. संबंधों को पवित्र करता है
धर्म रिश्तों में सत्य और करुणा लाता है।

5. कर्म को अर्थ देता है
धर्म कर्म को दायित्व नहीं,
साधना बनाता है।

धर्म बंधन क्यों नहीं है? — छह कारण

1. धर्म विकल्प देता है
2. धर्म सोच को स्वतंत्र करता है
3. धर्म भावनाओं को संतुलित करता है
4. धर्म भीतर का प्रकाश जलाता है
5. धर्म विवेक को बढ़ाता है
6. धर्म अहंकार को कम करता है

बंधनों में भय होता है।
धर्म में प्रकाश होता है।

धर्म का अंतिम रहस्य — जब धर्म भीतर से बोले

धर्म बाहरी आवाज नहीं है।
धर्म भीतर से उठने वाली
वह मौन आवाज है
जो कहती है:

- यही सही है
- यही सत्य है
- यही मार्ग है
- यही निर्णय है
- यही तुम्हारा वास्तविक स्वरूप है

इस आवाज को सुनना
आध्यात्मिकता का पहला कदम है।

धर्म का निष्कर्ष — धर्म मार्गदर्शन देता है, बंधन नहीं

इस अध्याय के अंत में
एक गहरा सत्य प्रकट होता है:

धर्म वह आंतरिक ज्योति-बिंदु है
जो जीवन को दिशा देता है
बिना किसी बंधन के।

धर्म वह नहीं है
जिसे सीखना पड़ता है।

धर्म वह है
जो भीतर से जागता है।

धर्म वह नहीं है
जो डर दिखाता है।
धर्म वह है
जो सत्य दिखाता है।

धर्म वह नहीं है
जो मजबूर करता है।
धर्म वह है
जो प्रेरित करता है।

धर्म स्वतंत्रता का स्रोत है।
धर्म शांति का मार्ग है।
धर्म सत्य का आधार है।
धर्म आत्मा का प्रकाश है।

और यही धर्म
कर्तव्य को गहराई देता है,
कर्म को अर्थ देता है
और जीवन को दिशा।

अध्याय – 6

कर्तव्य और मन का संघर्ष

इच्छाओं, आलस्य और प्रतिक्रियाओं का द्वंद्व

भीतर चलने वाला मौन युद्ध

मनुष्य का सबसे बड़ा युद्ध बाहर नहीं होता।
वह युद्ध भीतर होता है—मन और कर्तव्य के बीच।

बाहरी शत्रु दिखाई देते हैं, भीतर के शत्रु छुपे रहते हैं

- इच्छाएँ मन को खींचती हैं
- आलस्य मन को रोकता है
- प्रतिक्रियाएँ मन को उलझाती हैं

और इस बीच कर्तव्य पुकारता है

"उठो, अपने सत्य की राह पर चलो।"

मन की आवाज़ तेज होती है।
कर्तव्य की आवाज़ शांत, लेकिन गहरी।

मन तात्कालिक सुख चाहता है।
कर्तव्य स्थायी संतुष्टि चाहता है।

मन आसान चाहता है।

कर्तव्य सही चाहता है।

इसी टकराव को **कर्तव्य और मन का संघर्ष** कहा गया है।

यह संघर्ष वह चौराहा है जहाँ जीवन की दिशा तय होती है।
यही संघर्ष तय करता है कि व्यक्ति एक साधारण जीवन जिएगा
या एक उत्कृष्ट, उद्देश्यपूर्ण, ऊँची चेतना वाला जीवन।

इस अध्याय में हम देखेंगे

- मन कर्तव्य से क्यों डरता है?
- इच्छाएँ कर्तव्य का रास्ता कैसे रोकती हैं?
- आलस्य मन का सबसे छिपा हुआ शत्रु क्यों है?
- प्रतिक्रियाएँ व्यक्ति को कर्तव्य से कैसे भटका देती हैं?
- इस संघर्ष को जीतने का मनोवैज्ञानिक और आध्यात्मिक मार्ग क्या है?
- कर्तव्य-निष्ठ व्यक्ति मन को कैसे जीत लेता है?

यह अध्याय आपके भीतर छिपे
उस मौन युद्ध को उजागर करेगा

जो हर क्षण चल रहा है—और जिसे जीतना
आपके जीवन का सबसे बड़ा विजय-पत्र होगा।

मन और कर्तव्य — दो विपरीत दिशाएँ

मन का स्वभाव है
सुख, आराम, सुविधा, तात्कालिक राहत।

कर्तव्य का स्वभाव है—
अनुशासन, सत्य, स्थिरता, दीर्घकालिक कल्याण।

मन कहता है:
"मुझे अभी मज़ा चाहिए।"

कर्तव्य कहता है:
"मुझे सही करना है।"

मन कहता है:
"बाद में करेंगे।"

कर्तव्य कहता है:
"यही समय है।"

मन कहता है:
"कल से बदलूँगा।"

कर्तव्य कहता है:
"अभी बदलो।"

मन चंचल है—क्षण-क्षण बदलता रहता है।
कर्तव्य स्थिर है—भले ही कठिन हो।

मन को खेलने की आदत है।
कर्तव्य को खड़े रहने की आदत है।

इसीलिए मन और कर्तव्य साथ नहीं चलते
जब तक मन को प्रशिक्षित न किया जाए।

मन की तीन शक्तियाँ — जो कर्तव्य का विरोध करती हैं

मनुष्य में कर्तव्य के रास्ते में सबसे बड़ी बाधाएँ हैं:

1. **इच्छाएँ (Desires)**
2. **आलस्य (Laziness / Tamas)**
3. **प्रतिक्रियाएँ (Reactivity)**

ये तीनों मिलकर एक ऐसा आंतरिक जाल बनाती हैं
जिसमें व्यक्ति चाहकर भी फँस जाता है।

1) इच्छा — मन का पहला शत्रु

इच्छा स्वाभाविक है,
लेकिन जब इच्छा नियंत्रण ले लेती है,
तभी वह बाधा बनती है।

इच्छा कहती है

- "आज आराम कर लो..."
- "थोड़ा और सो लो..."
- "धीरे-धीरे करेंगे..."
- "पहले यह मज़ा ले लेते हैं..."

इच्छा के कारण व्यक्ति—

- जरूरी काम टालता है
- कर्तव्य की आवाज़ नहीं सुन पाता
- छोटी-छोटी सुख-सुविधाओं में उलझ जाता है
- बड़ी उपलब्धियों को खो देता है

इच्छा की विशेषता है
वह कभी पूरी नहीं होती।
एक पूरी होती है, तो दूसरी जन्म लेती है।

इसे गीता में **"काम"** कहा गया है
जिसे "असंतोष की आग" कहा गया है।

"धूमेनाव्रियते वन्हिर्यथादर्शो मल, कामेनावृतं ज्ञानम्।"
जैसे धुआँ आग को ढक देता है,
वैसे ही इच्छाएँ ज्ञान और कर्तव्य को ढक देती हैं।

इच्छा मन को बहकाती है, कर्तव्य उसे जगाता है।

2) आलस्य — मन का दूसरा शत्रु

इच्छा उकसाती है,
आलस्य रोकता है।

आलस्य मन की वह स्थिति है
जहाँ व्यक्ति जानता है कि उसे क्या करना है,
पर करता नहीं।

आलस्य के तीन रूप हैं

1. **शारीरिक आलस्य**
   शरीर में भारीपन, थकान, सुस्ती।
2. **मानसिक आलस्य**
   फ़ोकस की कमी, सोचने की अनिच्छा।
3. **भावनात्मक आलस्य**
   मन में निराशा, ऊर्जाहीनता।

यह तीनों मिलकर व्यक्ति को
कर्तव्य से दूर कर देते हैं।

आलस्य की ताकत इतनी बड़ी है कि यह बुद्धिमान व्यक्तियों को भी मामूली जीवन जीने पर मजबूर कर देता है।

बुद्ध ने कहा था

"आलस्य मृत्यु का समान है।"

आलस्य वह वज्र-बंधन है
जिससे मुक्त होना कर्तव्य का पहला कदम है।

3) प्रतिक्रिया — मन का तीसरा शत्रु

मन अक्सर प्रतिक्रिया में जीता है।
प्रतिक्रिया भावनाओं से नियंत्रित होती है।
प्रतिक्रिया में व्यक्ति सोचता नहीं
बस व्यवहार करता है।

- कोई कुछ बोल दे → क्रोध
- कोई प्रशंसा करे → अहंकार
- कोई न माने → रोष
- कठिनाई आए → भय
- तनाव बढ़े → निराशा

प्रतिक्रिया कर्तव्य को नष्ट कर देती है।

क्यों?

क्योंकि प्रतिक्रिया वर्तमान में नहीं होती;
वह अतीत की भावनाओं और भविष्य के डर से नियंत्रित होती है।

कर्तव्य सजग क्रिया है।
प्रतिक्रिया अचेत व्यवहार।

मन और कर्तव्य का संघर्ष क्यों होता है? — गहरा मनोविज्ञान

मन का मूल उद्देश्य है
संरक्षण।

कर्तव्य का उद्देश्य है
विकास।

मन जोखिम से डरता है।
कर्तव्य बिना जोखिम के निभाया नहीं जा सकता।

मन को परिश्रम पसंद नहीं।
कर्तव्य परिश्रम से ही बनता है।

मन को बदलाव पसंद नहीं।
कर्तव्य बदलाव का मार्ग है।

मन जल्दी चाहता है।
कर्तव्य धैर्य चाहता है।

यही संघर्ष है।

यह संघर्ष जीवन के हर क्षेत्र में उपस्थित है

कर्तव्य और मन का संघर्ष

- उठने के समय
- ऑफिस जाते समय
- कठिन काम शुरू करते समय
- व्यायाम करते समय
- रिश्तों में कड़वा सच बोलने में
- बुरी आदतों को छोड़ने में
- नए लक्ष्य शुरू करने में
- असफलता का सामना करने में
- निर्णय लेने में

हर जगह चलता है।

कभी-कभी यह संघर्ष बहुत छोटा होता है,
जैसे—"5 मिनट और सो लें।"
कभी यह संघर्ष जीवन-परिवर्तनकारी होता है
जैसे—"क्या मुझे कैरियर बदलना चाहिए?"

या
"क्या मुझे सच बोलना चाहिए?"
या
"क्या मुझे यह रिश्ता निभाना चाहिए?"

कर्तव्य का निर्णय अक्सर कठिन होता है,
लेकिन सही होता है।

मन का निर्णय आसान होता है,
पर अक्सर गलत होता है।

गीता का मनोविज्ञान — मन को जीतना ही धर्म है

भगवद्गीता में अर्जुन का युद्ध
बाहरी नहीं, आंतरिक था।
कृष्ण अर्जुन से कहते हैं

"बुद्धिहीनः मनो बलवान्।"
विवेक न हो तो मन शक्तिशाली होकर भटका देता है।

और फिर कहते हैं:

"मन एव मनुष्याणां कारणं बन्ध मोक्षयोः।"
मन ही बंधन का कारण है,
और मन ही मुक्ति का।

कृष्ण का स्पष्ट संदेश है—

कर्तव्य निभाने के लिए
पहले मन को प्रशिक्षित करना पड़ता है।

मन को जीतना = कर्मयोग का पहला कदम।

मन को साधो, कर्तव्य स्वयं हो जाएगा

"जैसा मन, वैसा कर्म।"

मन के तीन हैं:

1. **लोभ (क्रेविंग)**
2. **द्वेष (अवर्शन)**
3. **मोह (डिल्यूशन)**

ये तीनों कर्तव्य का विरोध करते हैं।

जब मन लोभ में है—कर्तव्य कठिन लगता है।
जब मन द्वेष में है—कर्तव्य भारी लगता है।
जब मन मोह में है—कर्तव्य दिखाई ही नहीं देता।

कबीर — मन ही माया है, कर्तव्य ही सत्य

कबीर कहते हैं

"मन के मते न चलिये, मन के मते अनेक।"
मन की सलाह पर मत चलो,
मन तुम्हें धोखा देगा।

कबीर कर्तव्य को सत्य का कार्य कहते हैं।
मन को माया का जाल।

कबीर का संकेत स्पष्ट है:
कर्तव्य निभाना है तो मन के शोर से ऊपर उठो।

संघर्ष का परिणाम: यदि कर्तव्य हार जाए तो क्या होगा?

यदि व्यक्ति मन की इच्छाओं और प्रतिक्रियाओं में बह जाए,
तो जीवन में 5 बड़े परिणाम आते हैं—

1. अधूरापन (Incompletion)

जीवन में कुछ भी पूरा नहीं होता।

2. अपराध-बोध (Guilt)

मन भीतर से लगातार खाता रहता है।

3. आत्म-सम्मान की गिरावट

कर्तव्य न निभाने से व्यक्ति अपनी नज़रों में गिर जाता है।

4. अस्थिरता

निर्णय लेने में कठिनाई बढ़ती जाती है।

5. साधारण जीवन

मनुष्य अपने सामर्थ्य का 10% भी नहीं जी पाता।

कर्तव्य न निभाने वाला व्यक्ति
दूसरों की तरह जीवन बिताता है
अपनी तरह नहीं।

संघर्ष का परिणाम: यदि कर्तव्य जीत जाए तो क्या होगा?

जब कर्तव्य मन पर विजय पाता है

1. **आत्म-सम्मान बढ़ता है**
   मनुष्य खुद को सम्मान देने लगता है।
2. **निर्णय स्पष्ट हो जाते हैं**
   व्यक्ति दृढ़ और स्थिर बन जाता है।
3. **ऊर्जा बढ़ती है**
   कर्तव्य पूरा करने पर मन शुद्ध हो जाता है।
4. **चरित्र मजबूत होता है**
   लोग भरोसा करते हैं।
5. **जीवन ऊँचाई पकड़ता है**

कर्तव्य जीवन को आध्यात्मिक यात्रा बना देता है।

इच्छाओं, आलस्य और प्रतिक्रियाओं को परास्त करने के 10 व्यावहारिक उपाय

अब देखते हैं—मन को कैसे प्रशिक्षित करें।

1. **छोटे कर्तव्य पूरे करें**
   बड़ा बदलाव छोटे कदमों से शुरू होता है।
2. **एक नियम तय करें: "पहले कर्तव्य, फिर इच्छा"**
   पहले आवश्यक कार्य, फिर मनोरंजन।
3. **फोन और स्क्रीन से दूरी के नियम बनाएं**
   इच्छाओं का सबसे बड़ा स्रोत यही हैं।
4. **सुबह का पहला घंटा कर्तव्य को दें**
   सुबह का मन सबसे शक्तिशाली होता है।
5. **प्रतिक्रिया की जगह "विराम + विचार" अपनाएँ**
   React नहीं, Respond करें।
6. **शरीर को सक्रिय रखें**
   आलस्य शरीर से शुरू होता है।
7. **खुद को लक्ष्य के बजाय दिनचर्या से बाँधें**
   Day Discipline > Big Goals.

8. असुविधा को साधना मानें
जो कठिन है, वही विकास देता है।

9. प्रतिदिन अपने कर्तव्य लिखें
लिखे हुए कर्तव्य मन को स्पष्टता देते हैं।

10. आत्म-नियंत्रण को मास्टरी बनाएं
Day by Day, मन पर शक्ति बढ़ती जाती है।

आध्यात्मिक उपाय — मन को जीतने का आंतरिक मार्ग

मन को नियंत्रित करने का सबसे प्रभावी तरीका

1. Breath Awareness
श्वास पर ध्यान मन को शांत करता है।

2. मौन (Silence)
मौन मन के शोर को कम करता है।

3. प्रार्थना या ध्यान
धर्म की ऊर्जा कर्तव्य को मजबूत करती है।

4. स्वधर्म का स्मरण
अपने सच्चे मार्ग को याद करो।

5. परिणाम-त्याग
फल की चिंता छोड़ो → मन शांत
मन शांत → कर्तव्य सरल

मन और कर्तव्य का यह संघर्ष कितना लंबा चलता है?

मन शुरुआत में मालिक होता है।
कर्मयोग उसे सेवक बनाता है।

जब मन सेवक बने
कर्तव्य राज करता है।

मन आज्ञा पालन करता है
कर्तव्य आदेश नहीं देता,
दिशा देता है।

Mindset Architect दृष्टि

मन एक मशीन है, कर्तव्य उसका प्रोग्राम

मन सॉफ्टवेयर है।
कर्म आदतें हैं।
कर्तव्य ऑपरेटिंग सिस्टम है।

यदि मन सॉफ्टवेयर में बग है
(इच्छाएँ, आलस्य, प्रतिक्रियाएँ)

तो कर्तव्य सिस्टम को ठीक करता है
(अनुशासन, दिशा, मूल्य, उद्देश्य)

आप मन को redesign कर सकते हैं
यदि आप कर्तव्य को हर दिन प्राथमिकता दें।

कर्तव्य = Mind Rewiring Tool
कर्म = Behavioral Output
मन = Processor

कर्तव्य दिमाग को disciplined neural pathways देता है।

आध्यात्मिक सत्य

जो मन पर विजय पा ले,
वही जीवन पर विजय पाता है

गहरे आध्यात्मिक सत्य:

- मन बंधन है
- कर्तव्य मार्ग है
- कर्म साधना है
- धर्म प्रकाश है
- स्वधर्म दिशा है

मन पर नियंत्रण , मुक्ति का पहला कदम है।

कर्तव्य मन को प्रशिक्षित करता है।
कर्म उसे स्थिर करता है।
धर्म उसे पवित्र करता है।
स्वधर्म उसे विशिष्ट बनाता है।

अंतिम सूत्र — कर्तव्य मन का स्वामी है, मन कर्तव्य का नहीं

मन को चलाना आसान है,
मन से चलना खतरनाक।

कर्तव्य मन को नियंत्रित करता है,
और मन कर्तव्य को चुनौती देता है।

पर अंत में
जीत उसी की होती है
जो अपने मन से बड़ा बनता है।

कर्तव्य और मन का संघर्ष जीवन का सबसे बड़ा युद्ध है

इस पूरे अध्याय का निष्कर्ष

मन हर पल आपको भटकाने की कोशिश करेगा।
कर्तव्य हर पल आपको उठाने की कोशिश करेगा।

मन कहेगा—"बाद में।"
कर्तव्य कहेगा—"अभी।"

मन कहेगा—"मज़ा लो।"
कर्तव्य कहेगा—"सही करो।"

मन कहेगा—"डर लगता है।"
कर्तव्य कहेगा—"चलो।"

मन कहेगा—"थक गया हूँ।"
कर्तव्य कहेगा—"एक कदम और।"

जीवन उन्हीं का है
जो मन को हराकर कर्तव्य को चुनते हैं।

कर्तव्य को चुनना =
सत्य को चुनना
विकास को चुनना
स्वानुशासन को चुनना
भविष्य को चुनना
स्वयं को चुनना

यही संघर्ष
मनुष्य को महान बनाता है।

अध्याय – 7

प्रतिक्रिया से क्रिया तक

प्रतिक्रिया-चक्र तोड़कर सचेत कर्म की शुरुआत

जीवन प्रतिक्रिया में नहीं, क्रिया में खिलता है

मनुष्य का जीवन दो प्रकार से चलता है:

- **प्रतिक्रिया (Reaction)**
- **क्रिया (Conscious Action)**

प्रतिक्रिया स्वचालित होती है।
क्रिया सजग होती है।

प्रतिक्रिया भावनाओं से संचालित होती है।
क्रिया विवेक से जन्म लेती है।

प्रतिक्रिया क्षणिक होती है।
क्रिया दूरदर्शी होती है।

प्रतिक्रिया हमें परिस्थितियों का दास बना देती है।
क्रिया हमें परिस्थितियों का निर्माता बना देती है।

अधिकांश लोग प्रतिक्रिया में जीते हैं
स्वचालित आदतें, भावनात्मक निर्णय, आवेग, भय, क्रोध,
टालमटोल, असुरक्षा, तुलना और बाहरी दबावों के आधार पर।

परंतु जो व्यक्ति **प्रतिक्रिया-चक्र** को तोड़ देता है,
और **सचेत क्रिया** शुरू कर देता है,
वह कर्तव्य का वास्तविक मार्ग पकड़ लेता है।

यह अध्याय इसी महत्वपूर्ण परिवर्तन की खोज है।

यह अध्याय समझाएगा:

- प्रतिक्रिया इतनी तेज़ और गहरी क्यों होती है?
- प्रतिक्रिया-चक्र मनुष्य के जीवन को कैसे नियंत्रित करता है?
- क्रिया क्या है? और यह प्रतिक्रिया से कैसे अलग है?
- प्रतिक्रिया को रोककर क्रिया कैसे उत्पन्न होती है?
- मनोविज्ञान, न्यूरोसाइंस और अध्यात्म — तीनों प्रतिक्रिया-चक्र को कैसे समझते हैं?
- सचेत कर्म की शुरुआत कैसे की जाए?
- कर्तव्य हमेशा प्रतिक्रिया के ऊपर क्रिया क्यों चाहता है?

यह अध्याय आपके भीतर
एक शक्तिशाली निर्णय क्षमता को जागृत करेगा
जो आपके जीवन की दिशा बदल सकती है।

प्रतिक्रिया क्या है? — मन का स्वचालित व्यवहार

जब कोई घटना होती है
और हम तुरंत, बिना सोचे,
एक भावनात्मक या आदतपूर्ण व्यवहार करते हैं
इसे प्रतिक्रिया कहते हैं।

उदाहरण:

- कोई असहमति व्यक्त करे → क्रोध
- फोन नोटिफिकेशन आए → तुरंत उठाना
- कोई आलोचना करे → दुख
- कठिन काम सामने आए → टालमटोल
- परिणाम अनिश्चित दिखे → डर

ये सब **reactions** हैं।

प्रतिक्रिया:

- तेज़ होती है
- अनियंत्रित होती है
- तात्कालिक होती है
- शरीर और भावनाओं से संचालित होती है
- विवेक को बायपास कर देती है
- बाद में पश्चाताप का कारण बनती है

न्यूरोसाइंस इसे **Fight-Flight-Freeze Loop** कहता है।

क्यों मनुष्य प्रतिक्रिया में फँस जाता है? — मस्तिष्क का जैविक कारण

मस्तिष्क का एक हिस्सा है
Amygdala, जिसे "भावनात्मक केंद्र" कहा जाता है।

Amygdala का काम है:

- खतरे को महसूस करना
- तुरंत निर्णय लेना
- तेज़ प्रतिक्रिया देना

यह हमारे आदिम पूर्वजों के समय का survival mechanism है।

आज भी यह सक्रिय है,
लेकिन खतरे बदल गए हैं

- पहले बाघ से बचना था
  अब आलोचना से बचना है
- पहले हिंसा से बचना था
  अब असफलता से बचना है
- पहले भूख से बचना था
  अब अनिश्चितता से बचना है

Amygdala अंतर नहीं करता
वह हर चुनौती को "खतरा" समझ लेता है।
इसलिए व्यक्ति प्रतिक्रिया में फँस जाता है।

प्रतिक्रिया का मनोविज्ञान — तीन कारण

प्रतिक्रिया तीन कारणों से होती है:

1. डर (Fear)

अपरिचित परिस्थितियाँ → डर → प्रतिक्रिया

2. आदत (Habit Loop)

बहुत सी प्रतिक्रियाएँ आदत बन चुकी हैं।

उदाहरण:

- क्रोध
- शिकायत
- तुलना
- चिंता
- टालमटोल

3. अहंकार (Ego)

Ego को चोट लगे → तुरंत प्रतिकार → प्रतिक्रिया

प्रतिक्रिया मन की दृढ़ अवस्था नहीं है।
यह मन की कमजोर अवस्था है।

प्रतिक्रिया के परिणाम — जीवन क्यों बिगड़ता है?

जब व्यक्ति प्रतिक्रिया में जीता है,
तो उसका जीवन तीन स्तरों पर प्रभावित होता है:

1. **मानसिक स्तर**
    - चिंता
    - अस्थिरता
    - अपराध-बोध
    - भ्रम
    - निर्णयहीनता
2. **भावनात्मक स्तर**
    - क्रोध
    - भय
    - दुख
    - निराशा
    - अतिसंवेदनशीलता
3. **कर्म स्तर**
    - गलत निर्णय
    - टालमटोल
    - अस्थिर प्रयास
    - कर्तव्य से दूरी
    - सफलता में देरी

प्रतिक्रिया जीवन को fragment कर देती है।
बिखेर देती है।
कमज़ोर बना देती है।

क्रिया क्या है? — सजग, विवेकपूर्ण, लक्ष्यपूर्ण कर्म

क्रिया = Conscious Action
क्रिया वह है जो सोच-विचार के साथ,
इरादे और स्पष्टता के साथ की जाती है।

क्रिया में:

- जागरूकता होती है
- विवेक होता है
- उद्देश्य होता है
- धैर्य होता है

- स्थिरता होती है
- परिणाम की परवाह नहीं, कर्तव्य की परवाह होती है

क्रिया मनुष्य को संचालित करती है।
प्रतिक्रिया परिस्थितियों को मनुष्य को संचालित करने देती है।

क्रिया मन से नहीं,
चेतना से जन्म लेती है।

प्रतिक्रिया और क्रिया में अंतर — जीवन दो मार्गों में बंटता है

प्रतिक्रिया (Reaction)	**क्रिया (Action)**
तेज़ और आवेगपूर्ण	धीमी लेकिन विवेकपूर्ण
अचेतन	सजग
भय आधारित	सत्य आधारित
अहंकार आधारित	कर्तव्य आधारित
अतीत से संचालित	वर्तमान में उपस्थित
भ्रम पैदा करती है	स्पष्टता लाती है
अस्थिरता देती है	स्थिरता देती है

किस मार्ग पर जीवन चलेगा
यह हर दिन, हर क्षण आप तय करते हैं।

प्रतिक्रिया-चक्र (Reaction Loop) — यह क्या है?

प्रतिक्रिया एक बार की घटना नहीं।
यह एक चक्र है।

यह चक्र ऐसे चलता है:

1. Trigger (उत्तेजना)
2. Emotion (भावना)
3. Reaction (स्वचालित व्यवहार)
4. Consequence (परिणाम)
5. Regret (पछतावा)
6. Habit Formation (आदत बनना)
7. Repeat (दोहराव)

धीरे-धीरे यह चक्र आपकी पहचान बन जाता है:

- "मैं जल्दी गुस्सा करता हूँ।"
- "मैं चीज़ें टाल देता हूँ।"
- "मैं संवेदनशील हूँ।"
- "मैं डरपोक हूँ।"

ये सब पहचान नहीं
आदतें हैं।
और ये आदतें प्रतिक्रिया से बनती हैं।

प्रतिक्रिया-चक्र क्यों टूटता नहीं?

इसके तीन कारण हैं:

1. मन प्रयास नहीं करना चाहता

प्रतिक्रिया आसान है।
क्रिया कठिन है।

2. शरीर प्रतिक्रिया को सुख देता है

क्रोध → adrenaline
आलस्य → dopamine
तुलना → ego reward

शरीर reward system को छोड़ना नहीं चाहता।

3. भावनाएँ तर्क से तेज होती हैं

भावना उठती है →
तर्क सोच पाता, उससे पहले मन प्रतिक्रिया दे देता है।

प्रतिक्रिया-चक्र तोड़ने का पहला कदम

विराम (Pause)

"विराम" प्रतिक्रिया को काट देता है।
यह न्यूरोसाइंस का सबसे मजबूत टूल है।

यदि आप 5 सेकंड रुक जाएँ
तो Amygdala शांत होकर
Prefrontal Cortex (विवेक केंद्र) को सक्रिय कर देता है।

विराम =
भावना की आग पर पानी।

विराम एक क्षण है
लेकिन यही क्षण
आपके भविष्य को बदल सकता है।

दूसरा कदम — जागरूकता (Awareness)

विराम के बाद आता है
जागरूकता।

अपने मन से पूछें:

- मैं क्या महसूस कर रहा हूँ?
- क्या यह भावना सही है या पुरानी आदत?
- क्या यह प्रतिक्रिया मुझे नुकसान देगी?
- मेरा कर्तव्य इस क्षण क्या है?

Awareness =
Reaction → Response का पुल

तीसरा कदम — दिशा (Orientation)

विराम + जागरूकता के बाद
आप दिशा चुन सकते हैं:

- क्या मैं भय में हूँ?
- क्या मैं अहंकार में हूँ?
- क्या मैं कर्तव्य में हूँ?

दिशा तय करने से
क्रिया जन्म लेती है।

चौथा कदम — सचेत क्रिया (Conscious Action)

अब आप वह करते हैं
जो आपके कर्तव्य, धर्म और स्वधर्म के अनुसार है।

सचेत क्रिया होती है:

- शांत
- स्थिर
- विचारपूर्ण
- जिम्मेदारीपूर्ण
- कर्तव्यनिष्ठ

यही वास्तविक कर्मयोग है।

मनोवैज्ञानिक अभ्यास — प्रतिक्रिया से क्रिया की यात्रा

नीचे पाँच शक्तिशाली अभ्यास:

1. **"10-Second Rule"**
   प्रतिक्रिया से पहले 10 सेकंड रुकें।
2. **"Name the Emotion"**
   अपनी भावना का नाम लें:
   "यह क्रोध है।"
   "यह भय है।"

भावना का नाम लेते ही नियंत्रण वापस आ जाता है।

3. **"Reframe the Trigger"**
   घटना को नया अर्थ दें:
   "यह मुझे परेशान कर रहा है,
   पर यह मेरी कमजोरी नहीं दिखाता।"
4. **"Duty First, Emotion Later"**
   कर्तव्य को प्राथमिकता दें.
5. **"Insert a New Action"**
   पुरानी प्रतिक्रिया की जगह नई क्रिया डालें:
   - क्रोध → मौन
   - भय → गहरी श्वास
   - टालमटोल → छोटा कदम
   - तनाव → पानी पीना

मन पुनः प्रशिक्षित हो जाता है।

आध्यात्मिक अभ्यास — मन को शांत करना, वृत्ति को रोकना

1. **ध्यान (Meditation)**
   मन की प्रतिक्रियाएँ कमजोर होती हैं।
2. **मौन**
   अतिरिक्त शोर कम होता है।
3. **श्वास-जागरूकता**
   भावनाओं पर नियंत्रण मिलता है।

4. प्रार्थना

अहंकार कम होता है।

5. कर्तव्य का स्मरण

मन से ऊपर उठने में मदद मिलती है।

प्रतिक्रिया से क्रिया तक — कर्तव्य की दृष्टि

कर्तव्य कभी प्रतिक्रिया का साथी नहीं होता।
कर्तव्य हमेशा क्रिया का साथी होता है।

क्यों? क्योंकि कर्तव्य में:

- सत्य है
- स्थिरता है
- विचार है
- विवेक है
- समर्पण है

प्रतिक्रिया हमेशा मन की आवाज़ है।
क्रिया हमेशा आत्मा की आवाज़ है।

कर्तव्य आत्मा से जन्म लेता है।
इसलिए वह क्रिया चाहता है
प्रतिक्रिया नहीं।

कबीर, बुद्ध और गीता — तीनों का एक ही संदेश

कबीर:

"मन के मते न चलिए।"
→ प्रतिक्रिया को न चलने दो।

बुद्ध:

"सचेत व्यक्ति कभी प्रतिक्रिया में नहीं जीता।"
→ जागरूकता क्रिया देती है।

गीता:

"योगस्थः कुरु कर्माणि।"
→ मन शांत हो → कर्म शुरू हो।

तीनों का सार

पहले मन को शांत करो, फिर कर्म करो।

जब प्रतिक्रिया क्रिया बन जाती है — व्यक्ति बदल जाता है

प्रतिक्रिया छोड़कर क्रिया अपनाने वाले व्यक्ति में
5 बड़े परिवर्तन आते हैं:

1. भावनात्मक संतुलन
2. मानसिक स्पष्टता
3. निर्णय क्षमता
4. आत्म-सम्मान
5. प्रभावशाली व्यक्तित्व

ऐसे लोग नेतृत्व के केंद्र में आ जाते हैं।

क्योंकि:

- वे स्थिर होते हैं
- वे भरोसेमंद होते हैं
- वे विवेकशील होते हैं
- वे प्रतिक्रियाओं का शिकार नहीं होते

ऐसे व्यक्ति **कर्तव्य-निष्ठ** बनते हैं।

जीवन का गहन सत्य —

प्रतिक्रिया मन को चलाती है; क्रिया जीवन को

मन प्रतिक्रिया चाहता है।
आत्मा क्रिया चाहती है।

जीवन प्रतिक्रिया से नहीं चलता
जीवन क्रिया से चलता है।

सफलता प्रतिक्रिया से नहीं मिलती
सफलता क्रिया से मिलती है।

कर्तव्य प्रतिक्रिया से नहीं निभता
कर्तव्य क्रिया से निभता है।

धर्म प्रतिक्रिया से नहीं जागता
धर्म क्रिया से चमकता है।

प्रतिक्रिया से बाहर निकलो, जीवन में प्रवेश करो

यदि जीवन को बदलना हो
एक ही चीज बदलो:

प्रतिक्रिया को रोककर क्रिया चुनो।

बस यही।
इसी से:

- मन बदलता है
- आदतें बदलती हैं
- कर्म बदलता है
- चरित्र बदलता है
- नियति बदलती है

क्योंकि

क्रिया = कर्तव्य का रूप
प्रतिक्रिया = मन का रूप

जो क्रिया चुनता है, वह अपने मन पर विजय पा लेता है।
जो मन पर विजय पा लेता है, वह जीवन पर विजय पा लेता है।

अध्याय का सार

- प्रतिक्रिया शरीर से आती है
  क्रिया चेतना से
- प्रतिक्रिया अस्थिर है
  क्रिया स्थिर है
- प्रतिक्रिया आपको खींचती है
  क्रिया आपको उठाती है
- प्रतिक्रिया आदत है
  क्रिया जागरूकता है
- प्रतिक्रिया का मार्ग भीड़ का है
  क्रिया का मार्ग धर्म और कर्तव्य का है

यही प्रतिक्रिया से क्रिया की यात्रा है
और यही सचेत कर्म की शुरुआत

अध्याय – 8

जिम्मेदारी की शक्ति

उत्तरदायित्व कैसे व्यक्ति को आंतरिक नेतृत्व देता है

नेतृत्व बाहर से नहीं, जिम्मेदारी से जन्म लेता है

हम अक्सर मानते हैं कि नेतृत्व शक्ति, पद, अधिकार, या लोगों पर प्रभाव से उत्पन्न होता है।

लेकिन जीवन का गहरा सत्य कुछ और है

नेतृत्व पद से नहीं,
जिम्मेदारी से शुरू होता है।

नेतृत्व वह नहीं है
जो दुनिया आपके बारे में सोचती है।

नेतृत्व वह है
जो आप अपने बारे में सत्य के रूप में स्वीकार करते हैं।

नेतृत्व वह नहीं है
कि आप कितने लोगों को आदेश दे सकते हैं।

नेतृत्व वह है
कि आप कितनी जिम्मेदारियाँ उठा सकते हैं।

जिम्मेदारी मनुष्य को भीतर से मजबूत बनाती है
इतना मजबूत कि वह स्वयं अपना नेता बन जाता है।

इस अध्याय का लक्ष्य यही है—

जिम्मेदारी = आंतरिक नेतृत्व

यह कैसे होता है, क्यों होता है, और
कैसे आपके जीवन को बदल देता है।

इस अध्याय में हम गहराई से देखेंगे

- जिम्मेदारी क्या है?
- जिम्मेदारी किस मनोवैज्ञानिक प्रक्रिया से नेतृत्व को जन्म देती है?
- जिम्मेदारी आत्म-सम्मान, आत्म-नियंत्रण और आत्म-विकास को से जन्म देती है?
- क्यों जिम्मेदारी वह शक्ति है जिसे दुनिया सम्मान देती है?
- जिम्मेदारी व्यक्ति की नियति कैसे बदल देती है?
- जिम्मेदारी से बचना कैसे जीवन को छोटा कर देता है?
- जिम्मेदारी अपनाने के व्यावहारिक और आध्यात्मिक उपाय क्या हैं

और अंत में

जिम्मेदारी अपनाने से मनुष्य "आम" से "अद्‌भुत" कैसे बनता है?

जिम्मेदारी क्या है? — एक सरल पर गहन परिभाषा

जिम्मेदारी का शाब्दिक अर्थ है

"Response-Ability"

यानी **प्रतिक्रिया देने की क्षमता।**

जिम्मेदारी =

किसी परिस्थिति, भूमिका, संबंध या कार्य का ऐसा स्वामित्व,
जो आपको अपने श्रेष्ठतम रूप में ला दे।

जिम्मेदारी का मतलब यह नहीं कि
आप पर दबाव है।

जिम्मेदारी का अर्थ यह है कि

आप पर स्वयं का विश्वास है।

जिम्मेदारी लेने का वास्तविक अर्थ है
"यह जीवन मेरा है।
मेरी गलतियाँ मेरी।
मेरी सफलता मेरी।
मेरे निर्णय मेरे।
मेरी दिशा मेरी।"

जिम्मेदारी बाहरी दीवार नहीं,
आंतरिक आधार है।

जिम्मेदारी और दोष — दोनों कभी साथ नहीं चलते

जब व्यक्ति दूसरों को दोष देता है

- परिस्थितियाँ
- माता-पिता
- समाज
- किस्मत
- समय
- सरकार
- लोग
- भगवान

तो वह जिम्मेदारी नहीं ले रहा होता।
दोष= निर्बलता
जिम्मेदारी= शक्ति

दोष देना आसान होता है।
जिम्मेदारी लेना कठिन होता है।
परंतु वही कठिनता
आपको ऊँचा उठाती है।

एक नियम ध्यान रखिए

जितना अधिक आप जिम्मेदारी लेते हैं,
उतना अधिक आप शक्तिशाली बनते हैं।

मनोवैज्ञानिक सत्य

जिम्मेदारी लेने से सम्मान पैदा होता है

मनोविज्ञान कहता है जब व्यक्ति किसी चीज़ का स्वामित्व लेता है,
तो उसकी मानसिक स्थिति बदल जाती है:

- Accountability विकसित होता है
- Self-esteem बढ़ता है
- विश्वास मजबूत होता है
- Identity परिष्कृत होती है
- मन दिशा ग्रहण करता है

जिम्मेदारी लेने वाला व्यक्ति अपने मन को यह संदेश देता है:

"मैं सक्षम हूँ।
मैं भरोसे लायक हूँ।
मैं चुनौतियों का सामना कर सकता हूँ।"

यह संदेश मन में नई न्यूरल pathways बनाता है।
ये pathways व्यक्ति को आंतरिक नेतृत्व की राह पर ले जाते हैं।

जिम्मेदारी व्यक्ति को ऊर्जा देती है

अक्सर लोग सोचते हैं
जितनी जिम्मेदारी, उतना बोझ।

सच बिल्कुल उल्टा है।

जिम्मेदारी = ऊर्जा

क्यों?

क्योंकि जब आप कोई जिम्मेदारी लेते हैं

- मन स्थिर होता है
- दिशा स्पष्ट होती है
- उद्देश्य मिल जाता है
- उपलब्धि की भावना जागती है

जिम्मेदारी ऊर्जा देती है
क्योंकि यह आपको **महत्वपूर्ण** महसूस कराती है।

मनुष्य वह नहीं करता जो आसान हो।
मनुष्य वह करता है जो अर्थपूर्ण हो।

जिम्मेदारी अर्थ देती है।
और यही अर्थ आपकी ऊर्जा बन जाता है।

जिम्मेदारी नेतृत्व का बीज क्यों है?

किसी नेता को देखें
वह पद से पहले
जिम्मेदारी का व्यक्ति होता है।

नेता वह नहीं
जिसे लोग मानें।
नेता वह
जिसे सत्य मानें।

नेतृत्व का जन्म वहीं होता है
जहाँ व्यक्ति कहता है

"यदि मैं नहीं करूँगा,
तो कौन करेगा?"

यही वह क्षण है
जहाँ जिम्मेदारी
नेतृत्व में बदल जाती है।

जिम्मेदारी लेने वाला व्यक्ति क्या बन जाता है?

जिम्मेदारी व्यक्ति को
तीन स्तरों पर बदल देती है:

1. मानसिक स्तर

- निर्णय क्षमता
- भावनात्मक स्थिरता
- स्पष्टता
- फ़ोकस
- हिम्मत

2. सामाजिक स्तर

- विश्वसनीयता
- सम्मान
- प्रभाव
- भरोसा

उदाहरण

लोग उन पर विश्वास करते हैं जिन्हें वे भरोसेमंद पाते हैं।
और भरोसा वहीं बनता है
जहाँ जिम्मेदारी दिखाई देती है।

3. आध्यात्मिक स्तर

- कर्तव्य जागरण
- समत्व
- समर्पण
- आत्म-साक्षात्कार
- संतोष

जिम्मेदारी निभाना
एक आध्यात्मिक साधना है।
यह व्यक्ति को भीतर से स्वच्छ बनाती है।

जिम्मेदारी से बचना जीवन को छोटा कर देता है

जिम्मेदारी से बचने वाले व्यक्ति को
चार चीज़ें जीवन में निश्चित मिलती हैं:

1. डर

जितना जिम्मेदारी से बचेंगे
उतना डरते रहेंगे।

2. निर्भरता

दूसरों पर निर्भरता बढ़ती जाएगी।

3. शिकायतें

जो जिम्मेदारी नहीं लेते
वे हमेशा शिकायत करते हैं।

4. अधूरापन

ऐसे लोग हर कार्य को बीच में छोड़ देते हैं।

जिम्मेदारी से बचना
अपने ही सामर्थ्य से भागना है।

जिम्मेदारी व्यक्ति को विस्तृत कर देती है

जब हम जिम्मेदारी लेते हैं
हम अपने भीतर एक बड़ा क्षेत्र खोलते हैं।

उदाहरण:

- घर की जिम्मेदारी → व्यक्ति को परिपक्व बनाती है
- बेटा/बेटी की जिम्मेदारी → धैर्य सिखाती है
- नौकरी की जिम्मेदारी → अनुशासन पैदा करती है
- संबंधों की जिम्मेदारी → करुणा बढ़ाती है
- समाज की जिम्मेदारी → दृष्टि को बड़ा बनाती है

हर जिम्मेदारी
व्यक्ति के भीतर
नया गुण जगाती है।

इसलिए जिम्मेदारी
विकास का सबसे प्राकृतिक मार्ग है।

न्यूरोसाइंस — जिम्मेदारी मस्तिष्क को कैसे बदलती है?

मस्तिष्क में एक हिस्सा है

Prefrontal Cortex,
जो निर्णय, अनुशासन, तर्क और संकल्प का केंद्र है।

जब व्यक्ति जिम्मेदारी लेता है

- Prefrontal Cortex सक्रिय होता है
- Impulse control बढ़ता है

- Discipline मजबूत होता है
- Emotional regulation सुधरता है
- Long-term planning बेहतर होता है

साधारण शब्दों में:

जिम्मेदारी मस्तिष्क को नेतृत्व के लिए तैयार करती है।

जिम्मेदारी और कर्तव्य — दोनों में क्या अंतर है?

यह एक अत्यंत महत्वपूर्ण भेद है:

कर्तव्य

= वह जिसे करना "सही" है
= नैतिक दायित्व
= स्वधर्म से उत्पन्न

जिम्मेदारी

= वह जिसे करना "ज़रूरी" है
= व्यावहारिक कार्रवाई
= भावनात्मक और मानसिक स्वामित्व

कर्तव्य दिशा देता है।
जिम्मेदारी क्रिया देती है।

कर्तव्य पथ बताता है।
जिम्मेदारी पथ पर चलाती है।

कर्तव्य आत्मा से जन्मता है।
जिम्मेदारी मन को स्थिर करती है।

दोनों मिलकर व्यक्ति को महान बनाते हैं।

जिम्मेदारी और अहं — दोनों विपरीत हैं

जिम्मेदारी लेने के लिए
अहंकार त्यागना पड़ता है।

अहंकार कहता है
"मुझसे बेहतर कौन?"
जिम्मेदारी कहती है
"मुझे बेहतर बनना है।"

अहंकार कहता है
"गलती मेरी नहीं।"
जिम्मेदारी कहती है
"सुधार मेरा है।"
अहंकार बंद करता है।
जिम्मेदारी खोलती है।
अहंकार छोटे मन की पहचान है।
जिम्मेदारी बड़े मन की पहचान है।

नेतृत्व की पहली परीक्षा — गलती स्वीकार करना

सच्चा नेतृत्व वहीं जन्म लेता है
जहाँ व्यक्ति अपने कार्यों की जिम्मेदारी लेता है।

गलती स्वीकार करना

- चरित्र की ताकत है
- अहंकार की मृत्यु है
- विकास का द्वार है
- सत्य का मार्ग है

जो व्यक्ति गलती स्वीकार करता है,
वह कभी नीचे नहीं गिरता
क्योंकि गिरना भी उसका सीखने का साधन बन जाता है।

जिम्मेदारी और स्वतंत्रता — दोनों विरोधी नहीं, सहयोगी हैं

बहुत लोग सोचते हैं
जिम्मेदारी लेने से स्वतंत्रता खत्म हो जाती है।

लेकिन सत्य यह है

जिम्मेदारी स्वतंत्रता को जन्म देती है।

क्यों?

क्योंकि:

- जिम्मेदारी = जीवन पर नियंत्रण
- नियंत्रण = स्वतंत्रता
- स्वतंत्रता = दिशा
- दिशा = शक्ति

मनुष्य तभी स्वतंत्र होता है
जब वह अपने निर्णयों का स्वामी होता है।
और स्वामी वही बनता है
जो जिम्मेदारी लेता है।

जिम्मेदारी व्यक्ति को निर्णय लेने का साहस देती है

जिम्मेदारी लेने वाला व्यक्ति
कभी निर्णय लेने से नहीं डरता।

क्यों?

क्योंकि वह जानता है—

"यदि परिणाम गलत भी हुआ,
मैं सीख जाऊँगा।"

जिम्मेदारी व्यक्ति को bold बनाती है।
निर्णायक बनाती है।
दृढ़ बनाती है।
आत्मविश्वासी बनाती है।

जीवन में सबसे बड़ी दुर्बलता है

निर्णयहीनता।

और निर्णयहीनता का इलाज है

जिम्मेदारी।

जिम्मेदारी और आत्म-सम्मान — गहरा संबंध

जब व्यक्ति **जिम्मेदारी** लेता है
तो उसके भीतर एक सुंदर परिवर्तन होता है

आत्म-सम्मान बढ़ने लगता है।

क्यों बढ़ता है?

- क्योंकि व्यक्ति जानता है कि वह सक्षम है
- क्योंकि वह अपने जीवन को संचालित कर रहा है
- क्योंकि वह ईमानदार है
- क्योंकि वह कर्तव्य निभा रहा है
- क्योंकि वह बहाने नहीं बना रहा

आत्म-सम्मान कभी बाहर से नहीं मिलता।
आत्म-सम्मान जिम्मेदारी से जन्म लेता है।

जिम्मेदारी का आध्यात्मिक अर्थ — यह साधना है

जिम्मेदारी केवल व्यावहारिक कार्य नहीं।
जिम्मेदारी आध्यात्मिक उन्नति है।

क्यों?

क्योंकि जिम्मेदारी:

- अहंकार को तोड़ती है
- व्यक्ति को विनम्र बनाती है
- सेवा का भाव जगाती है
- मन को स्थिर करती है
- कर्म को पवित्र बनाती है
- चेतना को ऊँचा उठाती है

जो व्यक्ति जिम्मेदारी लेता है,
वह धीरे-धीरे साधक बन जाता है।

स्वधर्म और जिम्मेदारी — दोनों का एक गहरा मिलन

स्वधर्म बताता है

"तुम्हारा मार्ग क्या है।"

कर्तव्य बताता है

"इस मार्ग पर तुम्हारा दायित्व क्या है।"

जिम्मेदारी बताती है

"तुम इस दायित्व को कितनी निष्ठा से निभाओगे।"

तीनों मिलकर जीवन को पूर्ण करते हैं।

जिम्मेदारी से नेतृत्व तक की यात्रा — तीन चरण

यह यात्रा तीन चरणों में होती है:

1. **स्व-जिम्मेदारी (Self Responsibility)**
   अपने जीवन की जिम्मेदारी लेना।
2. **भूमिका-जिम्मेदारी (Role Responsibility)**
   अपनी भूमिकाओं को निष्ठा से निभाना
   पिता, माँ, पुत्र, कर्मचारी, नागरिक, आदि।

3. व्यापक जिम्मेदारी (Universal Responsibility)

समाज, मानवता और सत्य के लिए खड़ा होना।

इसी तीसरे चरण से
नेतृत्व जन्म लेता है।

जिम्मेदारी का अभ्यास कैसे करें? — 10 शक्तिशाली उपाय

1. हर सुबह पूछें:

"आज मेरी जिम्मेदारी क्या है?"

2. एक बड़ी बहाने वाली आदत समाप्त करें

3. अपनी गलतियों का स्वामित्व लें

4. काम को परिणाम नहीं, कर्तव्य मानें

5. "मुझे इसका समाधान ढूँढना है" — यह मंत्र अपनाएँ

6. हर दिन एक छोटा कार्य पूरा करें

7. प्रतिक्रिया के बजाय जवाब देना सीखें

8. अपनी भूमिका स्पष्ट रखें

9. जो नहीं करेंगे, उसे भी स्पष्ट लिखें

10. आत्म-अनुशासन को प्राथमिकता दें

ये उपाय मन को प्रशिक्षित करते हैं
और व्यक्ति स्वतः नेतृत्व की ओर बढ़ता है।

कबीर, बुद्ध और गीता — जिम्मेदारी की त्रयी

कबीर कहते हैं

"अपने भीतर की आग से जीवन जलता है।"

→ जिम्मेदारी आंतरिक प्रकाश है।

बुद्ध कहते हैं

"तुम स्वयं अपने मार्ग के निर्माता हो।"

→ जिम्मेदारी आपका मार्ग गढ़ती है।

कृष्ण कहते हैं

"कर्तव्य का पालन ही धर्म है।"

→ जिम्मेदारी धर्म का व्यावहारिक रूप है।

तीनों का सार: **जिम्मेदारी ही समृद्धि का द्वार है।**

सत्य — दुनिया सम्मान किसे देती है?

दुनिया:

- बुद्धि को सम्मान नहीं देती
  प्रतिभा को सम्मान नहीं देती
- पद को सम्मान नहीं देती
  सुन्दरता या ताकत को सम्मान नहीं देती

दुनिया सम्मान देती है— **जिम्मेदारी को।**

जो व्यक्ति जिम्मेदारी लेता है— दुनिया उसे नेता मान लेती है।

चाहे वह परिवार में हो, काम में हो, समाज में हो या आध्यात्मिक जगत में।

निष्कर्ष — जिम्मेदारी व्यक्ति को भीतर से नेता बना देती है

इस अध्याय की आत्मा यही है:

- जिम्मेदारी शक्ति देती है
- जिम्मेदारी दिशा देती है
- जिम्मेदारी चरित्र बनाती है
- जिम्मेदारी आत्म-सम्मान देती है
- जिम्मेदारी नेतृत्व की जन्मदात्री है
- जिम्मेदारी स्वतंत्रता का द्वार है
- जिम्मेदारी आत्मा का जागरण है

और अंत में

जिम्मेदारी ही वह पुल है
जिसके ऊपर चलकर मनुष्य
साधारण से असाधारण बन जाता है

अध्याय – 9

कर्म और चरित्र

निरंतर कर्म से व्यक्तित्व और चरित्र की रचना

चरित्र जन्म से नहीं, कर्म से बनता है

दुनिया में दो तरह के लोग हैं

- कुछ लोग मानते हैं कि चरित्र जन्म से मिलता है।
- कुछ मानते हैं कि चरित्र वातावरण से बनता है।

परंतु इस अध्याय का केंद्रीय सत्य इससे कहीं बड़ा है:

चरित्र = निरंतर कर्म का परिणाम है।

कर्म व्यक्तित्व का बाहरी रूप है,
चरित्र उसका आंतरिक रूप।

कर्म से स्वभाव बनता है।
स्वभाव से आदतें बनती हैं।
आदतों से चरित्र बनता है।
चरित्र से नियति बनती है।

यह अध्याय दिखाएगा:

- कर्म और चरित्र का गहरा संबंध
- मनोवैज्ञानिक और आध्यात्मिक तर्क
- हर छोटे कर्म का चरित्र निर्माण में योगदान
- कैसे इच्छाएँ और प्रतिक्रियाएँ चरित्र को कमजोर करती हैं
- निरंतर कर्म से व्यक्ति का व्यक्तित्व कैसे आकार लेता है
- चरित्र व्यक्ति के भविष्य को कैसे निर्धारित करता है
- कैसे स्थिर और मजबूत चरित्र विकसित किया जाए

और अंत में

क्यों कर्म ही चरित्र का वास्तविक वास्तुशिल्पी है।

यह अध्याय आपके पूरे जीवन को देखने का दृष्टिकोण बदल देगा— आप समझेंगे कि आपका हर कदम, हर विचार, हर निर्णय, हर व्यवहार आपका चरित्र घड़ रहा है।

कर्म और चरित्र का मूल संबंध — कर्म चरित्र का बीज है

कर्म और चरित्र का संबंध
बीज और वृक्ष जैसा है।

- कर्म = बीज
- चरित्र = वृक्ष

कर्म क्षणिक लगता है
लेकिन प्रभाव स्थायी छोड़ता है।

जैसे रोज़ पानी देने से पौधा बढ़ता है,
वैसे ही रोज़ के कर्म
व्यक्ति का चरित्र बनाते हैं।

कर्म का प्रत्येक दोहराव
एक नया मानसिक मार्ग बनाता है
जिसे **Behavioral pathway** कहा जाता है।

यह मार्ग जितना मजबूत होता जाता है,
चरित्र उतना ही ठोस होता जाता है।

मनोवैज्ञानिक सिद्धांत: Character = Repeated Action

आधुनिक मनोविज्ञान कहता है:

"Repeated actions become habits,
habits become patterns,
patterns become personality,
and personality becomes character."

यानी:

- आप कुछ बार करते हैं → कर्म
- बार-बार करते हैं → आदत
- लगातार करते हैं → स्वभाव
- लंबे समय तक करते हैं → चरित्र

इसलिए:

चरित्र अचानक नहीं बनता।
चरित्र प्रतिदिन बनता है।
और प्रतिदिन के कर्म से बनता है।

कर्म तीन स्तरों पर चरित्र गढ़ता है

कर्म केवल "जो हम करते हैं" नहीं,
तीन स्तरों पर प्रभाव डालता है:

1. मानसिक कर्म

विचारों को दिशा देता है।
विचार चरित्र का आधार हैं।

2. वाणी कर्म

कैसे हम बात करते हैं
सम्मान से या क्रोध से,
यह हमारे आंतरिक गुणों को स्थायी बनाता है।

3. शारीरिक कर्म

व्यवहार आदतों के रूप में जड़ जमा लेते हैं।

तीनों प्रकार के कर्म
मिलकर चरित्र का निर्माण करते हैं।

अच्छा और बुरा चरित्र — कर्म के अनुसार

चरित्र कोई दार्शनिक शब्द नहीं।
चरित्र एक व्यावहारिक ऊर्जा है
जो व्यक्ति के भीतर से प्रकट होती है।

अच्छा चरित्र

= सच्चाई
= अनुशासन
= विश्वसनीयता
= दया
= साहस
= धैर्य
= विनम्रता
= जिम्मेदारी

बुरा चरित्र

= झूठ
= आलस्य
= बहाना
= क्रोध
= ईर्ष्या
= प्रतिक्रिया
= अस्थिरता
= स्वार्थ

दोनों किसी जन्मजात गुण नहीं
दोनों कर्म से बनते हैं।

इसलिए:

चरित्र = कर्म का निरंतर परिपाक।

क्यों निरंतर कर्म चरित्र बनाता है? — न्यूरोसाइंस का उत्तर

न्यूरोसाइंस बताता है कि
जो कर्म आप बार-बार करते हैं
वह दिमाग में "न्यूरेल पाथवे" बनाता है।

- एक बार किया → निशान
- कई बार किया → पैटर्न
- रोज़ किया → मजबूत रास्ता

हर नए रास्ते से
एक नया गुण पैदा होता है।
जैसे:

- रोज़ जल्दी उठना → अनुशासन
- रोज़ सच बोलना → सत्यनिष्ठा
- रोज़ लोगों की मदद करना → करुणा
- रोज़ अपने लक्ष्य पर कर्म करना → दृढ़ता

और इसके विपरीत:

- रोज़ बहाने बनाना → स्वार्थ
- रोज़ टालना → अस्थिरता
- रोज़ क्रोध करना → प्रतिक्रिया
- रोज़ तुलना करना → असंतोष

कर्म = न्यूरल प्रोग्रामिंग
चरित्र = प्रोग्राम का आउटपुट

गीता का दृष्टिकोण — चरित्र कर्म से बनता है

गीता में कर्मयोग का गहन संदेश है

"कर्म योगेन चित्त शुद्धिः।"

लगातार कर्म से मन शुद्ध होता है।
मन शुद्ध होता है → चरित्र निर्मल होता है।

कृष्ण अर्जुन से कहते हैं:

"सात्विक कर्म चरित्र उठाता है।
राजसिक कर्म चरित्र डगमगाता है।
तामसिक कर्म चरित्र गिराता है।"

अर्थ:

- सजग कर्म → चरित्र निर्माण
- भावनात्मक कर्म → चरित्र अस्थिर
- अज्ञान-आधारित कर्म → चरित्र कमजोर

गीता चरित्र को कर्म की परिणति बताती है।

करनी कर, सोई धरनी

कबीर कहते हैं:

"कर्तव्य और कर्म से ही धर्म उपजता है।"

उनकी दृष्टि में:

- स्वभाव → करतू
- करतू → आदत
- आदत → करनी
- करनी → चरित्र
- चरित्र → धर्म

कबीर का अर्थ:

तुम जैसा करते हो, धीरे-धीरे वैसे ही बन जाते हो।

व्यक्तित्व बनाम चरित्र — दोनों में अंतर

व्यक्तित्व (Personality)	**चरित्र (Character)**
बाहर दिखने वाली बात	भीतर की वास्तविकता
कौशल, वाणी, स्टाइल	सत्यनिष्ठा, ईमानदारी
दूसरों पर प्रभाव	स्वयं पर प्रभाव
सीखा जा सकता है	कमाया जाता है
बदल सकता है	स्थिर रहता है

व्यक्तित्व दुनिया को प्रभावित करता है। चरित्र ब्रह्मांड को प्रभावित करता है।

चरित्र व्यक्ति का बोझ नहीं — उसका किला है

कुछ लोग सोचते हैं कि चरित्र का मतलब है:

- कठिन जीवन
- संघर्ष
- त्याग
- आदर्शवाद

लेकिन वास्तविक सत्य यह है:

चरित्र वह सबसे मजबूत किला है
जो व्यक्ति को हर कठिनाई से बचाता है।

जब चरित्र मजबूत हो—

- निर्णय आसान होते हैं
- संबंध स्वस्थ रहते हैं
- मन शुद्ध रहता है
- सम्मान बढ़ता है
- डर कम होता है
- अवसर स्वतः मिलते हैं

चरित्र = मानसिक, भावनात्मक और आध्यात्मिक सुरक्षा कवच।

निरंतर कर्म: वह शक्ति जो चरित्र को स्थिर बनाती है

एक बार का कर्म चरित्र नहीं बनाता।

दस बार का भी नहीं।
सैकड़ों बार का भी नहीं।

चरित्र बनता है— **निरंतर कर्म** से।

उदाहरण:

- रोज़ सच बोलना → सत्य का चरित्र
- रोज़ समय पर काम करना → अनुशासन का चरित्र
- रोज़ कर्तव्य निभाना → विश्वसनीयता का चरित्र
- रोज़ दया करना → करुणा का चरित्र

चरित्र के लिए Consistency सबसे बड़ा पूंजी है।

चरित्र का परीक्षण कहाँ होता है?

चरित्र का परीक्षण
बड़ी परिस्थितियों में नहीं— छोटी परिस्थितियों में होता है।

- कोई देख रहा है या नहीं → क्या मैं सही कर रहा हूँ?
- लाभ मिले या नुकसान → क्या मैं सत्य चुन रहा हूँ?
- कठिनाई हो → क्या मैं जिम्मेदारी से भाग रहा हूँ?
- अवसर मिले → क्या मैं विनम्र रह रहा हूँ?

चरित्र वही है जो व्यक्ति तब करता है
जब उसे कोई देख नहीं रहा होता।

चरित्र और कर्म का चक्र

चरित्र कर्म को जन्म देता है
और कर्म फिर चरित्र को मजबूत करता है।

यह एक चक्र है:

कर्म → आदत → चरित्र → कर्म → आदत → चरित्र

यह चक्र निरंतर चलता है।
यदि कर्म ऊँचा है—चरित्र उठता है।
यदि कर्म गिरा हुआ है—चरित्र गिरता है।

यह चक्र ही व्यक्ति की नियति बनाता है।

कमजोर चरित्र के कारण — पाँच मुख्य वजहें

1. **अस्थिर कर्म** — consistency की कमी
2. **प्रतिक्रिया-आधारित जीवन**
3. **अहंकार** — humility ना होना
4. **स्वार्थ** — केवल अपनी सुविधा
5. **भय** — निर्णय न ले पाना

कमजोर चरित्र किसी जन्म की देन नहीं
कमजोर कर्मों की देन है।

मजबूत चरित्र कैसे बनाएँ? — 10 शक्तिशाली उपाय

1. छोटे-छोटे सत्य बोलना शुरू करें

हर दिन एक सच बोलें जो कठिन हो।

2. प्रतिदिन एक कर्तव्य पूरा करें
Consistency निर्णायक है।

3. एक आदत चुनें, जिसे 40 दिन तक निभाएँ
40 दिन दिमाग नया pattern बना देता है।

4. अपने शब्द और कर्म को एक करें
Integrity = Character

5. प्रतिक्रिया के बजाय विवेक चुनें
Reactive व्यक्ति चरित्र नहीं बना सकता।

6. कठिन कार्य पहले करें
ये चरित्र को मजबूत बनाते हैं।

7. बहाने त्याग दें
Excuse = Character killer

8. गलतियाँ स्वीकारें
यह ईमानदारी जन्म देता है।

9. अपने मूल्यों को लिखें और प्रतिदिन देखें
Values चरित्र का GPS हैं।

10. दिन का अंत आत्म-समीक्षा से करें
Review = Growth

चरित्र क्यों सबसे शक्तिशाली संपत्ति है?

दुनिया में तीन चीजें कभी स्थायी नहीं:

- पैसा
- शक्ति
- प्रसिद्धि

लेकिन तीन चीजें स्थायी हैं:

- विश्वास
- मान
- सम्मान

और ये तीनों चरित्र से आते हैं।

इसलिए चरित्र

- कैरियर बनाता है
- संबंध बचाता है
- अवसर लाता है
- नेतृत्व पैदा करता है
- धन आकर्षित करता है
- समाज में स्थान देता है
- ईश्वर के निकट ले जाता है

चरित्र व्यक्ति की सबसे बड़ी संपत्ति है।

आध्यात्मिक सत्य — चरित्र आत्मा का बाहरी रूप है

चरित्र केवल व्यवहार नहीं
चरित्र आत्मा का प्रभाव है।

जो आत्मा जागृत है—

- वही सत्य चुनेगी
- वही कर्तव्य चुनेगी
- वही साहस चुनेगी
- वही सेवा चुनेगी

चरित्र = आत्मा का व्यवहृत रूप।

इसलिए अध्यात्म में चरित्र
कर्म का फल माना गया है।

जैसा कर्म, वैसा चरित्र; जैसा चरित्र, वैसी नियति

यह अध्याय एक सूत्र पर समाप्त होता है:

You become what you repeatedly do.

या गीता के शब्दों में—

"कर्म ही व्यक्ति को बनाता है।"

और कबीर के शब्दों में—

"करनी कर, सोई धरनी।"

और बुद्ध के शब्दों में—

"सही कर्म → सही चरित्र → सही जीवन।"

चरित्र कोई संयोग नहीं
यह आपकी दैनिक कर्म-यात्रा का परिणाम है।
और इसलिए—

निरंतर कर्म ही
व्यक्तित्व को गढ़ता है।
व्यक्तित्व ही चरित्र बनाता है।
और चरित्र ही
मनुष्य की नियति लिखता है।

अध्याय – 10

सीमा का रहस्य

अनुशासन और सीमाएँ वास्तव में स्वतंत्रता कैसे देती हैं

स्वतंत्रता वहाँ जन्म लेती है जहाँ सीमा होती है

बहुत लोग मानते हैं कि

स्वतंत्रता का अर्थ है—जो चाहो वह करना।

परंतु वास्तविक सत्य इससे बिल्कुल उल्टा है:

स्वतंत्रता = सीमाओं के भीतर रहकर किए गए सचेत निर्णय।

अनुशासन और सीमाएँ बंधन नहीं हैं— वह वे अदृश्य दीवारें हैं जो हमें हमारी शक्ति के केंद्र में वापस लाती हैं।

सीमा व्यक्ति को छोटा नहीं करती— सीमा व्यक्ति के भीतर महानता को जन्म देती है।

- बिना सीमा का मन → भटकता है
- बिना अनुशासन का जीवन → टूटता है
- बिना नियम का मार्ग → गलत दिशा में ले जाता है
- बिना नियंत्रण की ऊर्जा → खुद को नष्ट कर देती है

सीमा और अनुशासन

वह दो स्तंभ हैं

जिन पर स्वतंत्रता का महल खड़ा होता है।

इस अध्याय में हम जानेंगे

- सीमा का वास्तविक अर्थ क्या है?
- अनुशासन स्वतंत्रता कैसे बन जाता है?
- मन सीमा के विरोध में क्यों खड़ा होता है?
- सीमाएँ मनोवैज्ञानिक और आध्यात्मिक रूप से क्यों आवश्यक हैं?
- बिना सीमा के जीवन में क्या होता है?
- सीमाएँ कैसे कर्तव्य और कर्म को ऊर्जा देती हैं?
- सुव्यवस्थित सीमाएँ जीवन को शक्ति, स्पष्टता और स्थिरता कैसे देती हैं?

और अंत में

सीमा =

मानसिक, भावनात्मक, आध्यात्मिक और व्यावहारिक स्वतंत्रता।

सीमा क्या है? — वह घेरा जो व्यक्ति को केंद्रित रखे

सीमा का अर्थ है
जो मुझे करना है,
और जो मुझे नहीं करना है,
उसका स्पष्ट बोध।

सीमा वह दीवार नहीं
जो किसी को रोकती है,
सीमा वह मार्ग है
जो व्यक्ति को सही दिशा में रखती है।

सीमा का अर्थ:

- स्पष्टता
- अनुशासन
- संतुलन
- दिशा
- नियंत्रण
- उद्देश्य

सीमा का उद्देश्य व्यक्ति को रोकना नहीं— व्यक्ति को दिशा देना है।

अनुशासन क्या है? — आत्म-नियंत्रण की कला

अनुशासन का अर्थ है— **स्वयं के ऊपर स्वयं नियंत्रण।**

अनुशासन:

- मन को स्थिर रखता है
- कर्म को निरंतर बनाता है
- निर्णयों को पवित्र करता है
- समय को मूल्यवान बनाता है
- जीवन को अर्थ देता है

अनुशासन वह कुंजी है जो व्यक्ति के सामर्थ्य को खोलती है।

प्रश्न यह नहीं है— "अनुशासित लोग अलग कैसे होते हैं?"
प्रश्न यह है
"बिना अनुशासन के लोग क्या खो देते हैं?"

सीमा और अनुशासन स्वतंत्रता क्यों देते हैं?

यह एक अत्यंत महत्वपूर्ण प्रश्न है।

जब व्यक्ति अनुशासन अपनाता है,

तो वह अपनी ऊर्जा को केंद्रित करता है।

और केंद्रित ऊर्जा

→ उच्च प्रदर्शन

→ उच्च स्पष्टता

→ उच्च सफलता

→ उच्च आत्म-सम्मान देती है।

सीमा के बिना ऊर्जा बिखर जाती है।

सीमा के साथ ऊर्जा एक दिशा में बहती है।

सीमा = Focus

Focus = Mastery

Mastery = Freedom

यही स्वतंत्रता का सिद्धांत है।

बिना सीमाओं के जीवन कैसा होता है?

बिखराव और अस्थिरता

जिस व्यक्ति के जीवन में सीमाएँ नहीं होतीं

- उसका मन चंचल होता है
- विचार अस्थिर होते हैं
- भावनाएँ अनियंत्रित होती हैं
- कर्म अधूरे रहते हैं
- समय व्यर्थ जाता है
- निर्णय अनिश्चित होते हैं
- लक्ष्य धुँधले होते हैं
- संबंध कमजोर होते हैं

ऐसा व्यक्ति बहुत भागता है, पर कहीं पहुँचता नहीं।

ऐसा इसलिए है क्योंकि:

बिना सीमा के मन दिशा नहीं पकड़ता।

और दिशा के बिना मनुष्य कभी स्वतंत्र नहीं हो सकता।

मन सीमा का विरोध क्यों करता है?

मन दो चीजें चाहता है

1. सुविधा
2. सुख

और सीमा दोनों को चुनौती देती है।

सीमा मन से कहती है:

- "यह मत करो।"
- "पहले यह करो।"
- "यह नियम मानना होगा।"
- "यह आदत बदलनी होगी।"

मन बदलाव से डरता है।
इसीलिए वह सीमा का विरोध करता है।

जैसे:

- जल्दी उठने की सीमा
- स्क्रीन समय को सीमित करना
- खर्च को नियंत्रित करना
- खाने की आदतों पर नियंत्रण
- भावनाओं को स्थिर करना

ये सभी मन को असुविधा देते हैं।

परंतु यही असुविधा व्यक्ति को स्वतंत्र बनाती है।

स्वतंत्रता दो प्रकार की है — तात्कालिक और वास्तविक

तात्कालिक स्वतंत्रता:

जो चाहो करना
→ सुख
→ लेकिन बाद में पछतावा

वास्तविक स्वतंत्रता:

जो सही है वह करना
→ कठिन लगता है
→ लेकिन भविष्य उज्ज्वल बनता है

तात्कालिक स्वतंत्रता → भावनाओं की गुलामी
वास्तविक स्वतंत्रता → आत्मा की शक्ति

अनुशासन वास्तविक स्वतंत्रता देता है।

सीमाएँ मनोवैज्ञानिक रूप से क्यों काम करती हैं?

सीमा तीन मानसिक संरचनाएँ बनाती है:

1. Cognitive Order (मानसिक व्यवस्था)
मन को स्पष्ट नियम मिल जाते हैं कि
क्या करना है और क्या नहीं।

2. Emotional Stability (भावनात्मक संतुलन)
सीमाएँ भावनाओं को भटकने नहीं देतीं।

3. Behavioral Consistency (कर्म स्थिरता)
जब कर्म स्थिर होता है
तो चरित्र स्थिर बनता है।
जब चरित्र स्थिर होता है
तो जीवन स्थिर बनता है।

सीमाएँ chaos को order में बदल देती हैं।

न्यूरोसाइंस — सीमा न्यूरल pathways को मजबूत करती है

दिमाग "विकल्प" पसंद नहीं करता।

बहुत सारे विकल्प

→ दिमाग थक जाता है
→ गलत निर्णय
→ टालमटोल
→ अस्थिरता

सीमाएँ विकल्पों को कम कर देती हैं।
जब विकल्प कम होते हैं— निर्णय आसान हो जाते हैं।

इसलिए सीमाएँ . दिमाग को मजबूत बनाती हैं।

आध्यात्मिक दृष्टि — सीमा अहंकार को शांत करती है

आध्यात्मिक रूप से सीमा का अर्थ है
अहंकार को स्थान देना बंद करना।

अहंकार कहता है:

- "मैं जो चाहूँगा वही करूँगा।"
- "मुझे कोई नियम नहीं चाहिए।"
- "मुझे स्वतंत्रता चाहिए।"

लेकिन यही दृष्टि
व्यक्ति को प्रतिक्रियाशील बना देती है।

जब सीमाएँ लगती हैं
अहंकार टूटता है।
आत्मा जागती है।
कर्तव्य प्रमुख होता है।

इसीलिए सीमा आध्यात्मिक साधना है।

गीता कहती है — अनुशासन ही योग है

कृष्ण गीता में कहते हैं: **"समत्व योग उच्यते।"**
संतुलन ही योग है।

संतुलन बिना सीमा संभव नहीं।

कृष्ण यह भी कहते हैं: **"नैत्यकर्म अनुष्ठान।"**

दैनिक अनुशासन ही मन को योग में स्थिर करता है।

अनुशासन =
कर्म → योग
सीमा → समत्व

सीमा ही मध्यम मार्ग है

"मध्यम मार्ग"
न अधिक, न कम
न अति-भोग, न अति-त्याग
न अति-स्वतंत्रता, न अति-नियम

मध्यम मार्ग = सही सीमाएँ

सीमा मन को नियंत्रण देती है
बुद्धि को स्पष्टता
कर्म को निरंतरता
जीवन को दिशा

सीमा ही साधना का द्वार

"साधना सीमाएँ चाहती है।"

- भाषा में सीमा → सत्य
- भोजन में सीमा → स्वास्थ्य
- व्यवहार में सीमा → विनम्रता
- भावनाओं में सीमा → शांति
- इच्छाओं में सीमा → स्वतंत्रता

सीमा ही साधक को साधक बनाती है।

बिना सीमा का मन — जंगल में भागता हुआ घोड़ा

मन स्वभाव से चंचल है।

बिना सीमा के मन का स्वभाव ऐसा है
जैसे जंगल में भागता हुआ घोड़ा
तेज, अस्थिर, अनियंत्रित, खतरनाक।

सीमा मन को दिशा देती है।

मन सीमाओं में आकर शांत हो जाता है।

सीमा के बिना सोच, उलझन बन जाती है।

सीमा के बिना भावनाएँ. अशांति बन जाती हैं।

सीमा के बिना कर्म , अस्थिरता बन जाते हैं।

सीमा के बिना जीवन , एक भ्रम बन जाता है।

सीमाएँ बनाने के 10 मुख्य उदाहरण

1. समय सीमा

सोना, उठना, काम, विश्राम, पढ़ाई
सबका निश्चित समय।

2. स्क्रीन सीमा

सोशल मीडिया/फोन का समय सीमित।

3. सोच सीमा

नकारात्मक विचारों पर विराम।

4. खाने की सीमा

संतुलन के साथ भोजन।

5. बोलने की सीमा

कम बोलो, आवश्यक बोलो, सत्य बोलो।

6. उद्देश्य सीमा

बहुत सारे लक्ष्य की बजाय
कुछ ठोस लक्ष्य।

7. संबंध सीमा

टॉक्सिक लोगों से दूरी,
और स्वस्थ सीमाएँ।

8. खर्च सीमा

आय का एक हिस्सा बचत,
एक हिस्सा निवेश।

9. भाव सीमाएँ

भावनाओं को बहने न देना,
बुद्धि को दिशा देना।

10. विचार करने की सीमा

Overthinking रोकना।

ये सीमाएँ जीवन को light, clear और powerful बनाती हैं।

सीमाएँ और कर्तव्य — दोनों का मिलन

कर्तव्य तभी संभव है जब सीमाएँ हों।

- सीमा → अनुशासन
- अनुशासन → कर्म
- कर्म → चरित्र
- चरित्र → कर्तव्य

सीमाएँ कर्तव्य का आधार हैं।

सीमा न हो तो कर्तव्य निभाया ही नहीं जा सकता।

और कर्तव्य वह शक्ति है जो व्यक्ति को ऊँचा उठाती है।

सीमा स्वतंत्रता क्यों बन जाती है?

गहरा व्यावहारिक दृष्टिकोण

उदाहरण:

1. खिलाड़ी

जिनका खाना, स्लीपिंग, ट्रेनिंग में सीमा
→ वही विश्व चैंपियन बनते हैं। यही स्वतंत्रता है।

2. लेखक

जो दिन में 3–4 घंटे की सीमा तय करे
→ वही किताब लिख पाता है। यही स्वतंत्रता है।

3. आध्यात्मिक साधक

जो समय और विचार की सीमा बनाए
→ वही ध्यान में प्रवेश करता है। यही स्वतंत्रता है।

4. व्यवसायी

जो खर्च और समय की सीमा रखता है
→ वही आर्थिक स्वतंत्रता पाता है।

सीमा → कौशल
कौशल → सफलता
सफलता → स्वतंत्रता

सीमाएँ हटाने का परिणाम — अवश्य विघटन

बिना सीमाओं के परिणाम:

- समय नष्ट
- ऊर्जा व्यर्थ
- मन अस्थिर
- भावनाएँ uncontrolled
- संबंध टूटते
- उद्देश्य धुँधले
- आदतें कमजोर
- चरित्र गिरता
- तनाव बढ़ता
- जीवन दिशाहीन

सीमाएँ न होने पर व्यक्ति

अपने ही मन का कैदी बन जाता है।

सीमाएँ बनाने का वैज्ञानिक तरीका — 5 Steps Model

1. **Identify**

   सबसे पहले पहचानें
   कौन-सी सीमाएँ आपको चाहिए।

2. **Clarify**

   सीमा को स्पष्ट और सरल बनाएं।
   जैसे: "मैं रात 10 बजे phone off कर दूँगा।"

3. **Commit**

   दिमाग को बताएं
   "यह सीमा मेरी सफलता के लिए है।"

4. **Practice**

   हर दिन अभ्यास करें।

   Consistency = Strength

5. **Review**

   हर सप्ताह देखें
   कहाँ सुधरना है।

मन को सीमा अपनाने के लिए कैसे प्रशिक्षित करें?

1. **असुविधा को स्वीकारें**

   अनुशासन शुरुआत में कठिन लगता है।
   पर यही आपको मजबूत बनाता है।

2. **छोटे-छोटे कदम से शुरू करें**

   बहुत बड़ी सीमाएँ तनाव देती हैं।
   छोटी सीमाएँ—स्थिरता देती हैं।

3. **निर्णय पर डटे रहें**

   आपका "YES" → YES रहना चाहिए
   आपका "NO" → NO रहना चाहिए

4. **अत्यधिक विकल्प कम करें**

   कम विकल्प = अधिक स्पष्टता।

5. **आत्म-सम्मान याद रखें**

   सीमाएँ अपनाने वाला व्यक्ति
   खुद को सम्मान देने लगता है।

सीमाएँ क्या देती हैं? — 10 अद्भुत परिणाम

1. मानसिक शांति
2. भावनात्मक स्थिरता
3. उच्च आत्म-नियंत्रण
4. मजबूत ध्यान
5. श्रेष्ठ चरित्र
6. उत्कृष्ट प्रदर्शन
7. विश्वास
8. आत्म-सम्मान
9. आत्म-निर्भरता
10. वास्तविक स्वतंत्रता

सीमाएँ जीवन को ऊँचा उठाती हैं।

आध्यात्मिक निष्कर्ष — सीमा मोक्ष का मार्ग है

मोक्ष का अर्थ है
बंधन नहीं।
मोक्ष का अर्थ है
मन से स्वतंत्रता।

आध्यात्मिक रूप से मन
इच्छाओं, प्रतिक्रियाओं और अस्थिरता से भरा है।
सीमा इन्हें नियंत्रण में लाती है।

सीमा = मन की अनुशासन
अनुशासन = चेतना का उदय
चेतना = मोक्ष का आरंभ

इसलिए सीमा
आध्यात्मिक मार्ग की पहली सीढ़ी है।

सीमा ही स्वतंत्रता है

इस अध्याय का एक वाक्य में सार:

सीमाएँ बंधन नहीं; सीमाएँ स्वतंत्रता की जननी हैं।

सीमा के बिना मन , दास बन जाता है।
सीमा के साथ मन . महारथी बन जाता है।

सीमा व्यक्ति को:

- स्थिर
- स्पष्ट
- अनुशासित
- शांत
- जागरूक
- शक्तिशाली
- स्वतंत्र

बनाती है।

सीमा वह द्वार है
जिससे व्यक्ति कर्मयोग में प्रवेश करता है।
और कर्मयोग ही
मानव जीवन की सर्वोच्च साधना है।

अध्याय – 11

धर्म:
ब्रह्मांड का नियम

संतुलन का प्राकृतिक नियम

धर्म क्या है?

इस अध्याय का केंद्रीय सत्य:

धर्म = ब्रह्मांड का संतुलन।
धर्म = प्राकृतिक नियम।
धर्म = अस्तित्व का सत्य।

धर्म किसी पुस्तक,

या किसी संस्कृति की देन नहीं है।

धर्म वह नियम है
जिसने ब्रह्मांड को जन्म दिया,
जो उसे चलाता है,
और जो उसे संतुलित रखता है।

आपका जीवन तभी सामंजस्य में चलता है

जब आपके विचार, कर्म, भावनाएँ,

आपके भीतर का निर्णय,

और आपका मार्ग
इस प्राकृतिक नियम (धर्म) के अनुरूप हो।

जब आप धर्म के विपरीत चलते हैं

अशांति, भ्रम, संघर्ष, दुःख और भ्रम बढ़ता है।

इस अध्याय में हम समझेंगे

- धर्म क्या है?
- धर्म धार्मिकता क्यों नहीं है?
- धर्म ब्रह्मांड में कैसे सक्रिय है?
- मनुष्य धर्म को कैसे तोड़ता है और उसका परिणाम क्या होता है?
- धर्म और कर्म का संबंध
- धर्म और कर्तव्य का संबंध
- धर्म का मनोवैज्ञानिक और आध्यात्मिक विश्लेषण

और अंत में

धर्म कैसे जीवन को
संतुलन, स्पष्टता, शांति और दिशा देता है

यह अध्याय धर्म को एक नए, स्पष्ट, आधुनिक और
अनुभवात्मक ढंग से प्रस्तुत करेगा।

धर्म का वास्तविक अर्थ — संतुलन

धर्म शब्द का मूल संस्कृत धातु "धृ" से है,
जिसका अर्थ है—

"धारण करना"

या

"संतुलन बनाए रखना।"

धर्म = वह जो धारण करे
धर्म = वह जो संतुलित रखे
धर्म = वह जो अस्तित्व को सही दिशा दे

धर्म कोई मान्यता नहीं।
धर्म कोई विश्वास नहीं।
धर्म कोई व्यवस्था नहीं।

धर्म प्रकृति का नियम है।
जैसे:

- गुरुत्वाकर्षण
- गति
- ऊर्जा
- मौसम
- जन्म-मृत्यु

वैसे ही मानव जीवन का नियम है— **धर्म**

धर्म और धार्मिकता — दोनों में अंतर

यह समझना अत्यंत महत्वपूर्ण है:

धर्म (Dharma) = ब्रह्मांड का नियम

अपरिवर्तनीय
सार्वभौमिक
निरपेक्ष
आधारभूत सिद्धांत

धार्मिकता (Religiosity) = संस्कारों और परंपराओं की प्रथा

भिन्न-भिन्न
मानव निर्मित
समय के अनुसार बदलने वाली

धर्म = प्रकृति
धार्मिकता = संस्कृति

धर्म = विज्ञान
धार्मिकता = अभिव्यक्ति

धर्म = चेतना
धार्मिकता = परंपरा

इस अध्याय में हम धर्म को उसके शुद्ध, प्राचीन, सार्वभौमिक रूप में समझेंगे।

ब्रह्मांड धर्म से चलता है: 5 सार्वभौमिक नियम

ब्रह्मांड में पाँच मूल धर्म हैं:

1. **संतुलन का धर्म (Law of Balance)**
   हर ऊर्जा संतुलन की ओर जाती है।
   अधिकता → असंतुलन → टूटना → पुनः संतुलन।
2. **कर्म का धर्म (Law of Action-Consequence)**
   हर कर्म का परिणाम है।
   कोई कर्म व्यर्थ नहीं जाता।
3. **वृद्धि का धर्म (Law of Expansion)**
   अस्तित्व विस्तार चाहता है—
   ज्ञान, प्रेम, चेतना, ऊर्जा।
4. **परिवर्तन का धर्म (Law of Change)**
   परिवर्तन ही स्थायी है।
   रुकना → क्षय
   बहना → जीवन
5. **सत्य का धर्म (Law of Integrity)**
   जहाँ सत्य है → उन्नति
   जहाँ असत्य है → गिरावट

ये पाँच नियम किसी संस्कृति के नहीं
प्रकृति के हैं।

धर्म व्यक्तिगत नहीं—सार्वभौमिक है

धर्म:

- किसी एक व्यक्ति का नहीं
- किसी एक धर्मग्रंथ का नहीं
- किसी एक समुदाय का नहीं
- किसी एक देश का नहीं
- किसी एक समय का नहीं

धर्म = Universal Truth
धर्म = Natural Order
धर्म = Cosmic Law

जैसे आग का धर्म है जलना,
जल का धर्म है बहना,
धरा का धर्म है धारण करना

वैसे ही मनुष्य का भी एक धर्म है:

संतुलन में जीना
सत्य में जीना
कर्तव्य में जीना।

धर्म मनुष्य में कैसे प्रकट होता है?

धर्म तीन रूपों में प्रकट होता है:

1. विचारों का धर्म
सत्य और विवेक से सोचना।

2. कर्म का धर्म
कर्तव्य, निष्ठा, सेवा, और न्याय से काम करना।

3. आचरण का धर्म
सम्मान, विनम्रता, ईमानदारी, और संतुलन।

तीनों मिलकर मनुष्य की
दिशा तय करते हैं।

जब मनुष्य धर्म के विपरीत जाता है — परिणाम निश्चित

धर्म के विरुद्ध जाना
प्रकृति के विरुद्ध जाने जैसा है।

जब मनुष्य धर्म तोड़ता है
चार चीजें अवश्य होती हैं:

1. **अशांति**
   मन अशांत हो जाता है।
2. **भ्रम**
   निर्णय कमजोर हो जाते हैं।
3. **संघर्ष**
   दुनिया, लोग, और परिस्थितियों से टकराव बढ़ता है।
4. **गिरावट**
   प्रगति रुक जाती है।

ब्रह्मांड निष्पक्ष है।
धर्म का पालन करो या न करो, परिणाम अपने आप मिलते हैं।

धर्म और कर्म — धर्म दिशा है, कर्म पथ है

धर्म पथ बताता है।
कर्म उस पथ पर चलाता है।

धर्म = मार्गदर्शन
कर्म = यात्रा

यदि धर्म है लेकिन कर्म नहीं
तो ऊर्जा रुकी रहती है।

यदि कर्म है लेकिन धर्म नहीं
तो ऊर्जा गलत दिशा में चली जाती है।

इसलिए:

धर्म + कर्म = योग्य जीवन
धर्म + कर्तव्य = सही निर्णय
धर्म + समर्पण = उन्नति

गीता — धर्म का सर्वोच्च विज्ञान

भगवद्गीता धर्म को
जीवन का प्राकृतिक नियम कहती है।

कृष्ण कहते हैं:

"स्वधर्मे निधनम् श्रेयः।"

अर्थ:

- दूसरे का धर्म महान दिखे
- लेकिन आपका धर्म ही आपका सत्य है

क्यों?

क्योंकि धर्म → स्वभाव से जन्मता है।
और कोई भी कर्तव्य
स्वभाव के विरुद्ध नहीं टिकता।

गीता धर्म को 5 हिस्सों में बाँटती है:

1. सत्य
2. समत्व
3. कर्तव्य
4. स्वधर्म
5. निष्काम कर्म

ये पाँच तत्व धर्म को जीवंत बनाते हैं।

धर्म को "धम्म" कहते हैं

"धम्म प्रकृति का नियम है।
जो धम्म में है वही सत्य है।
जो धम्म के विरोध में है वही दुख है।"

- मन का धर्म = शांति
- वाणी का धर्म = सत्य
- कर्म का धर्म = करुणा
- चेतना का धर्म = जागरण

धर्म एक दैवी अवधारणा नहीं—
एक **अस्तित्ववादी नियम** है।

कबीर — धर्म करुणा और सत्य का मिलन है

कबीर कहते हैं:

"सत्य कहूँ तो जग बौराना।
करुणा कहूँ तो मन लुभाना।"

उनके अनुसार धर्म

- कठोर सत्य नहीं
- अंध प्रेम नहीं
- बल्कि सत्य + करुणा का संतुलन है

धर्म = संतुलन
धर्म = मध्यम मार्ग
धर्म = आंतरिक जगृति

धर्म का मनोविज्ञान — मन संतुलन चाहता है

मनोविज्ञान कहता है:

"मानव मन संतुलन ही चाहता है।"

यदि मन में:

- बहुत अधिक उत्तेजना → Anxiety
- बहुत अधिक दबाव → Depression
- बहुत अधिक इच्छा → Greed
- बहुत अधिक भय → Insecurity

धर्म का नियम:

"मध्यम मार्ग"

धर्म मन को चरम स्थितियों से बचाता है
और संतुलन में रखता है।

धर्म मानसिक स्वास्थ्य का आधार है।

धर्म का आध्यात्मिक महत्व — धर्म आत्मा का स्वरूप है

आध्यात्मिक रूप से धर्म:

- आत्मा का स्वभाव
- चेतना का प्रकाश
- मार्गदर्शन
- सत्य का आधार
- पवित्र कर्म का बीज

जब मनुष्य धर्म में होता है,

वह सहज रूप से:

- सत्य
- सरलता
- करुणा
- निष्ठा
- वैराग्य
- मानसिक शांति
- समर्पण

की ओर बढ़ता है।

धर्म आत्मा का प्रकाश है
जो मन और शरीर को संतुलित करता है।

धर्म और स्वधर्म — दोनों का संबंध

स्वधर्म = मेरा व्यक्तिगत मार्ग
धर्म = सार्वभौमिक सत्य

स्वधर्म धर्म का ही
व्यक्तिगत संस्करण है।

उदाहरण:

- सूर्य का धर्म = प्रकाश
- वृक्ष का धर्म = फलना-फूलना
- नदी का धर्म = बहना

इसी प्रकार
मनुष्य का भी अपना स्वधर्म है।

धर्म व्यक्ति को सार्वभौमिक सत्य देता है।
स्वधर्म व्यक्ति को व्यक्तिगत मार्ग देता है।

दोनों मिलकर
जीवन में संतुलन लाते हैं।

धर्म का सामाजिक महत्व — समाज धर्म से चलता है

समाज तभी चलता है जब छह चीजें संतुलित हों:

1. न्याय
2. कर्तव्य
3. सत्य

4. सेवा
5. परस्पर सम्मान
6. ईमानदारी

ये सभी धर्म के अंग हैं।

धर्म → समाज को दिशा देता है
धर्म → लोगों में विश्वास जगाता है
धर्म → सामाजिक संतुलन बनाता है

जहाँ धर्म है वहाँ संघर्ष कम और सामंजस्य अधिक होता है।

धर्म क्यों टूटता है? — तीन कारण

1. लोभ
इच्छाएँ बढ़कर विवेक को ढक देती हैं।

2. भय
भय व्यक्ति को असत्य की ओर धकेलता है।

3. अहंकार
अहं मनुष्य को वास्तविकता से काट देता है।

ये तीनों धर्म के विरुद्ध हैं।

धर्म का परीक्षण — यह कैसे पता चले कि मेरा कर्म धर्म है?

चार प्रश्न पूछें:

1. क्या यह सत्य है?
नैतिक, वास्तविक, ईमानदार

2. क्या यह संतुलन लाता है?
भावनात्मक, मानसिक, सामाजिक

3. क्या यह दीर्घकालिक रूप से सही है?
तत्काल सुख नहीं, दीर्घकालिक कल्याण

4. क्या इससे दूसरों को हानि नहीं?
धर्म कभी किसी को हानि नहीं पहुँचाता
(अन्याय रोकने में कठोरता को छोड़कर)

इन चारों का उत्तर "हाँ"
→ वह कर्म धर्म है।

धर्म जीवन कैसे बदल देता है?

धर्म व्यक्ति को:

- स्पष्टता देता है
- स्थिरता देता है
- आंतरिक शांति देता है
- डर से मुक्त करता है
- निर्णय मजबूत करता है
- कर्तव्य सरल बनाता है
- कर्म को पवित्र करता है
- संबंधों को साफ करता है
- जीवन की दिशा स्पष्ट करता है

धर्म व्यक्ति के मन से
अनावश्यक भार हटा देता है।

क्या धर्म कठिन है?

नहीं।

धर्म कठिन नहीं।
मन की इच्छाएँ कठिन हैं।

धर्म = सहजता
इच्छा = संघर्ष

धर्म प्राकृतिक है
क्योंकि यह अस्तित्व का नियम है।

इच्छाओं का मार्ग अस्वाभाविक है
क्योंकि यह संतुलन बिगाड़ता है।

धर्म का रहस्य — धर्म कभी बदलता नहीं

समय बदलता है।

युग बदलते हैं।
सामाजिक संरचनाएँ बदलती हैं।
मान्यताएँ बदलती हैं।

पर धर्म नहीं बदलता।

क्यों?

क्योंकि धर्म = Natural Law

जो प्रकृति में है

वह सदा स्थायी है:

- सूरज हमेशा उगता है
- हवा हमेशा बहती है
- पानी हमेशा बहता है
- गुरुत्वाकर्षण हमेशा काम करता है

इसी प्रकार:

धर्म हमेशा सत्य रहता है।

धर्म का अंतिम संदेश — जीवन संतुलन में लौट आता है

धर्म कहता है:

- जहाँ सत्य है
  → शक्ति है
- जहाँ संतुलन है
  → शांति है
- जहाँ कर्तव्य है
  → विकास है
- जहाँ परोपकार है
  → पवित्रता है
- जहाँ विनम्रता है
  → ईश्वर है

धर्म का अंतिम सूत्र:

"जीवन संतुलन में लौटना चाहता है"

हमारा काम है

केवल यह देखना:

"क्या मैं संतुलन में हूँ

या असंतुलन में?"

और जिस क्षण यह पहचान हो जाती है

धर्म जाग उठता है।

अंतिम निष्कर्ष — धर्म ब्रह्मांड का नियम है, धार्मिकता नहीं

इस अध्याय का केंद्रीय सत्य:

धर्म = ब्रह्मांड का संतुलन।
धर्म = प्राकृतिक नियम।
धर्म = सत्य का मार्ग।
धर्म = आंतरिक शांति का स्रोत।

धर्म =

जागृत मन,
संतुलित विचार,
पवित्र कर्म,
और सत्य का मार्ग।

अध्याय – 12

कर्तव्य से शुद्धि

निस्वार्थ कर्म मन को कैसे निर्मल बनाता है

शुद्धि क्या है? मन का बोझ उतारना

मनुष्य हर दिन अनेक अनुभवों, भावनाओं, विचारों, इच्छाओं, डर, संघर्षों और प्रतिक्रियाओं से गुजरता है।
ये सब मिलकर मन पर एक अदृश्य बोझ जमा करते हैं

- अपराध-बोध
- पछतावा
- असंतोष
- तुलना
- अहंकार
- इच्छाएँ
- प्रतिक्रियाएँ
- भ्रम
- अपूर्णताएँ
- अपेक्षाएँ

ये बोझ मन को भारी बना देते हैं।
और भारी मन → अशांति
अशांति → निर्णयहीनता
निर्णयहीनता → कर्म का पतन
कर्म का पतन → चरित्र का पतन
चरित्र का पतन → जीवन में अराजकता

मनुष्य मन से तब तक निर्मल नहीं हो सकता जब तक वह कर्म को निस्वार्थ भाव से न अपनाए।

क्योंकि—

निस्वार्थ कर्म मन की धूल को धोता है।
कर्तव्य मन को पवित्र बनाता है।
समर्पण मन की गाँठें खोलता है।

इस अध्याय में हम देखेंगे

- निस्वार्थ कर्म क्या है?
- निस्वार्थ कर्म मन को निर्मल क्यों बनाता है?
- कर्तव्य और शुद्धि का क्या संबंध है?
- गीता, बुद्ध, कबीर में निस्वार्थ कर्म की दृष्टि

- मनोवैज्ञानिक और न्यूरोसाइंस के स्तर पर शुद्धि की प्रक्रिया
- स्वार्थपूर्ण कर्म मन को भारी क्यों बनाता है?
- और कर्तव्य कैसे मन को शांत, स्थिर और पवित्र बनाता है?

यह अध्याय न केवल कर्तव्य की शक्ति को गहराई से समझाएगा,
बल्कि बताएगा कि निस्वार्थ कर्म
क्यों आध्यात्मिक उन्नति की पहली सीढ़ी है।

निस्वार्थ कर्म क्या है? — फल की इच्छा के बिना कर्म

निस्वार्थ कर्म का सरल अर्थ है

कर्तव्य के लिए कर्म करना,
न कि लाभ, प्रतिष्ठा या फल के लिए।

निस्वार्थ कर्म:

- इच्छा से मुक्त
- अहंकार से मुक्त
- भय से मुक्त
- तुलना से मुक्त
- अपेक्षा से मुक्त
- प्रशंसा-निंदा से परे

निस्वार्थ कर्म में व्यक्ति कहता है

"मैं इसलिए कर रहा हूँ
क्योंकि यह मेरा कर्तव्य है।
इसके बाहर मेरी कोई अपेक्षा नहीं।"

यहाँ कर्म पवित्र हो जाता है।
क्योंकि कर्म मन की जरूरत नहीं,
आत्मा की आवश्यकता बन जाता है।

कर्तव्य से शुद्धि क्यों होती है?

शुद्धि का अर्थ है—मन से धूल हटाना।
और मन की सबसे गहरी धूल है

- स्वार्थ
- अहंकार
- चाह

- भय
- क्रोध
- लोभ
- प्रतिक्रिया

जब व्यक्ति निस्वार्थ भाव से कर्तव्य करता है,
तो ये सभी तत्व धीरे-धीरे टूटने लगते हैं।

क्यों?

क्योंकि निस्वार्थ कर्म:

अहंकार की जगह विनम्रता देता है

स्वार्थ की जगह सेवा देता है

प्रतिक्रिया की जगह सजगता देता है

भय की जगह साहस देता है

अपेक्षाओं की जगह स्वतंत्रता देता है

तुलना की जगह संतोष देता है

यही शुद्धि है
मन को बोझ से मुक्त करना।

मनोवैज्ञानिक सत्य — निस्वार्थ कर्म Ego को कम करता है

मनोविज्ञान कहता है:

**"अहंकार मन का सबसे बड़ा विष है।
और अहंकार का antidote है—निस्वार्थ कर्म।"**

क्यों?

क्योंकि अहंकार हमेशा चाहता है:

- मैं श्रेष्ठ दिखूँ
- मुझे प्रशंसा मिले
- मुझे सम्मान मिले
- मुझे फल मिले
- मुझे लाभ मिले

निस्वार्थ कर्म इन सभी अपेक्षाओं को तोड़ देता है।
क्योंकि निस्वार्थ कर्म कहता है

"मैं परिणाम के लिए नहीं कर रहा"

जब अपेक्षा नहीं रहती
→ अहंकार टूटता है
→ मन हल्का होता है
→ शुद्धि होती है

गीता: निस्वार्थ कर्म ही योग है

गीता निस्वार्थ कर्म को
कर्मयोग कहती है।

कृष्ण अर्जुन से कहते हैं— **"कर्मण्येवाधिकारस्ते मा फलेषु कदाचन"**

तुम्हारा अधिकार केवल कर्म पर है,
फल पर नहीं।

इस एक वाक्य में
निस्वार्थ कर्म का पूरा विज्ञान है।

कृष्ण कहते हैं—

- कर्म करो
  लेकिन फल की चिंता मत करो
- कर्म करो
  लेकिन तुलना मत करो
- कर्म करो
  लेकिन अपेक्षा मत रखो

कर्म शुद्ध होता है
जब वह फल से मुक्त होता है।
और फल से मुक्त कर्म → शुद्ध मन।

निस्वार्थ कर्म से मन निर्वाण की ओर बढ़ता है

"कर्म बराबर लौटता है,
पर मन का भार उसी क्षण उतरता है जब कर्म में स्वार्थ न हो।"

- स्वार्थ → दुःख
- अहंकार → बंधन
- समर्पण → शांति
- निस्वार्थ → शुद्धि

जब व्यक्ति स्वार्थ छोड़कर
निस्वार्थ कर्म करता है
उसका मन स्वर्ण जैसा निर्मल हो जाता है।

सेवा से मन की मलिनता दूर होती है

कबीर कहते हैं:

**"सेवा मन को धो दे,
कर्म तन को पावन कर दे।"**

कबीर कहते हैं:

- स्वार्थ मन को गंदा करता है
- निस्वार्थ सेवा मन को साफ करती है

इसलिए:

**कर्तव्य = आंतरिक धुलाई
निस्वार्थ सेवा = आत्मा का स्नान**

निस्वार्थ कर्म मन को क्यों हल्का करता है?

जब व्यक्ति फल के लिए काम करता है,
तो मन लगातार भार से जकड़ा रहता है:

- उम्मीद
- चिंता
- तुलना
- असुरक्षा
- तनाव
- परिणाम का डर

लेकिन जब व्यक्ति निस्वार्थ भाव से काम करता है:

→ वह मुक्त हो जाता है
→ मन शांत हो जाता है
→ चिंता खत्म हो जाती है
→ अपेक्षाएँ मिट जाती हैं
→ ऊर्जा वापस लौट आती है

यह **inner lightness** ही शुद्धि है।

स्वार्थपूर्ण कर्म मन को भारी क्यों बनाता है?

स्वार्थपूर्ण कर्म हमेशा बोझ देता है क्योंकि

- फल की चिंता → तनाव
- तुलना → ईर्ष्या
- सफलता का अहंकार → अस्थिरता
- असफलता का भय → दुःख
- प्रशंसा की इच्छा → निर्भरता
- निंदा का डर → चिंता

मन इन मानसिक भारों को ढोते-ढोते
मलिन हो जाता है।

निस्वार्थ कर्म के तीन स्तर

निस्वार्थ कर्म के तीन स्तर होते हैं:

1. **शारीरिक निस्वार्थता**
   किसी की मदद करना, कार्य करना, सेवा करना।
2. **मानसिक निस्वार्थता**
   बिना स्वार्थ, बिना तुलना, बिना द्वेष के सोच पाना।
3. **भावनात्मक निस्वार्थता**
   भावनाओं को अहंकार और स्वार्थ से मुक्त करना।

जब तीनों स्तर मिलते हैं
व्यक्ति का मन निर्मल हो जाता है।

निस्वार्थ कर्म का न्यूरोसाइंस — मन कैसे शुद्ध होता है?

वैज्ञानिक दृष्टि से:

- निस्वार्थ कर्म → Oxytocin
- सेवा → Dopamine
- कर्तव्य → Serotonin
- समर्पण → Endorphins

इन चार रसायनों का प्रभाव:

- तनाव कम
- संतुलन बढ़

- मन शांत
- भावनाएँ स्थिर
- चिंता घट

यही कोमल परिवर्तन
मन को धूल-मुक्त करते हैं।

निस्वार्थ कर्म में विरोध क्यों होता है? — मन का स्वभाव

मन का स्वभाव है
स्वार्थ।

इसलिए मन को लगता है:

- "क्यों मैं करूँ?"
- "मुझे क्या मिलेगा?"
- "अगर फायदा नहीं तो क्या लाभ?"

लेकिन आत्मा का स्वभाव है
सेवा, सत्य, करुणा।

कर्तव्य आत्मा से जन्मता है।
स्वार्थ मन से।

यही कारण है कि
कर्तव्य का मार्ग कठिन लगता है,
परंतु वही सबसे पवित्र है।

निस्वार्थ कर्म = मन के तीन दोषों का विनाश

मन की तीन मलिनताएँ हैं:

1. **लोभ** (Greed)
2. **द्वेष** (Hatred)
3. **मोह** (Delusion)

और तीनों का उपचार है
निस्वार्थ कर्म।

- लोभ → दान
- द्वेष → सेवा
- मोह → कर्म

यही मन को पवित्र करता है।

जीवन में निस्वार्थ कर्म कैसे अपनाएँ? (10 उपाय)

1. **प्रतिदिन एक ऐसा काम करें**
   जो किसी के लिए हो, लेकिन जिसका आपको कोई लाभ न हो।
2. **सेवा को दिनचर्या बनाएं** - छोटी सेवा भी मन को धो देती है।
3. **"मैं" की जगह "हम" का दृष्टिकोण अपनाएँ**
4. **दूसरों की कठिनाई में भागी बनें**
   यह हृदय को पवित्र करता है।
5. **किसी से अपेक्षा किए बिना दें**
   फल की इच्छा → मन का विष
   दान → मन की धुलाई
6. **कर्तव्य को पूजा समझें**
   कर्तव्य करने से मन स्वतः साफ होता है।
7. **आलोचना होने पर भी शांत रहें**
   शांति = मन की पवित्रता
8. **कृतज्ञता विकसित करें**
   कृतज्ञता → नकारात्मकता का शमन
9. **गलतियों को स्वीकारना सीखें**
   यह अहंकार को कम करता है।
10. **परिणाम नहीं, प्रयास को प्राथमिकता दें**
    निस्वार्थता का मूल सिद्धांत।

निस्वार्थ कर्म और स्वधर्म — दोनों का मिलन

स्वधर्म बताता है: **"क्या करना सही है?"**
निस्वार्थ कर्म बताता है: **"कैसे करना है?"**
जब स्वधर्म और निस्वार्थ कर्म मिलते हैं

- मन शांत
- हृदय पवित्र
- कर्म सफल
- चरित्र मजबूत
- जीवन संतुलित

हो जाता है।

कर्तव्य क्यों मन को पवित्र बनाता है?

क्योंकि कर्तव्य:

- व्यक्ति को स्वार्थ से ऊपर उठाता है
- मानसिक विक्षेप कम करता है
- ध्यान केंद्रित करता है
- मन को वर्तमान में लाता है
- चेतना को स्थिर करता है
- अंतर्मन को शांत करता है
- सत्य के साथ जोड़ता है

कर्तव्य करते-करते
मन की बहुत-सी परतें टूट जाती हैं

- अपेक्षाएँ
- अहंकार
- क्रोध
- आलस्य
- भ्रम
- असुरक्षा

और जब ये परतें टूटती हैं
मन पारदर्शी हो जाता है।

यही शुद्धि है।

निस्वार्थ कर्म आत्मा के द्वार खोलता है

आध्यात्मिक साधना का मूल है
स्वार्थ रहित कर्म।

जब आप अहंकार, अपेक्षा और स्वार्थ के बिना काम करते हैं

- आत्मा का प्रकाश जागता है
- चेतना का प्रवाह बढ़ता है
- भीतर से शांति उठती है
- ईश्वर का निकटता अनुभव होती है

यह शुद्धि केवल मन की नहीं
यह आत्मा की होती है।

निस्वार्थ कर्म का परिणति — शांति

निस्वार्थ कर्म का अंतिम फल
धन, सफलता, प्रतिष्ठा नहीं
शांति है।

क्योंकि शांति कहाँ से आती है?

- अपेक्षा त्याग से
- समर्पण से
- सत्य से
- सेवा से
- कर्तव्य से

शांति बाहरी नहीं,
भीतर जन्म लेती है।

निस्वार्थ कर्म
मन को वही आंतरिक शांति देता है।

निस्वार्थ कर्म मन का दर्पण साफ करता है

धर्म का सबसे सुंदर सत्य:
मन दर्पण है।

यह धूल पकड़ लेता है।

और यह धूल
इच्छाओं, अपेक्षाओं, प्रतिक्रिया,
अहंकार और स्वार्थ से आती है।

निस्वार्थ कर्म इस दर्पण को धो देता है।

जब दर्पण साफ होता है
मनुष्य स्वयं को देख पाता है।
अपने सत्य को देख पाता है।
अपने धर्म को देख पाता है।
अपने कर्तव्य को देख पाता है।
अपने स्वभाव को देख पाता है।
अपने मार्ग को देख पाता है।

और यही देखना
मोक्ष का आरंभ है।

निष्कर्ष — कर्तव्य से शुद्धि, आत्मा की जागृति

इस अध्याय का सार:

- निस्वार्थ कर्म मन को हल्का करता है
- कर्तव्य मन को केंद्रित करता है
- समर्पण मन को शांत करता है
- सेवा मन को कोमल बनाती है
- फल-त्याग मन को स्वतंत्र बनाता है
- प्रेम कर्म को पवित्र बनाता है

और जब मन:

- हल्का
- शांत
- समर्पित
- पवित्र
- संतुलित

हो जाता है

तो वह "शुद्ध" बन जाता है।

निस्वार्थ कर्म = मन की शुद्धि
निस्वार्थ कर्तव्य = आत्मा की शुद्धि
निस्वार्थ भाव = जीवन की शुद्धि

अध्याय – 13

कर्म में समर्पण

फल-त्याग का भाव कर्म को योग बनाता है

समर्पण क्या है?

समर्पण का अर्थ अक्सर लोग गलत समझ लेते हैं।
वे सोचते हैं कि समर्पण का मतलब है

- हार मान लेना
- निष्क्रिय होना
- जीवन को भाग्य के भरोसे छोड़ देना
- जिम्मेदारियों से बचना

लेकिन वास्तविक समर्पण इसका ठीक उलटा है।
समर्पण =

कर्म में पूर्णता,
मन में पवित्रता,
और फल से स्वतंत्रता।

समर्पण का अर्थ है

पूरा प्रयास करना,
पर परिणाम को पकड़कर न रखना।

यह अध्याय बताएगा

- कर्म में समर्पण क्या है?
- फल-त्याग मन को पवित्र कैसे करता है?
- निस्वार्थ कर्तव्य कैसे योग बन जाता है?
- क्यों परिणाम का मोह मन को दास बना देता है?
- कैसे समर्पण व्यक्ति को स्वतंत्र, शांत और शक्तिशाली बनाता है?
- बुद्ध, गीता, कबीर—तीनों समर्पण को क्यों सर्वोच्च मानते हैं?
- समर्पण का विज्ञान, मनोविज्ञान और आध्यात्मिक अनुभव

यह अध्याय बताता है

कर्म में 100% डूबना,
लेकिन फल में 0% चिपकना ही कर्मयोग है।

समर्पण का अर्थ — पूर्ण कर्म, शून्य आग्रह

समर्पण का सरल अर्थ है:

"मेरा कर्म मेरी निष्ठा है,
पर परिणाम मेरा अधिकार नहीं।"

समर्पण तीन भागों में होता है

1. **कर्म में पूर्ण निष्ठा**
2. **कर्म को शुद्ध भाव से करना**
3. **परिणाम को छोड़ देना**

इससे दो विशाल परिवर्तन होते हैं:

- अहंकार टूट जाता है
- मन परिणाम के बोझ से मुक्त हो जाता है

इस अवस्था में कर्म → योग बन जाता है।

परिणाम-आसक्ति — मन का सबसे बड़ा बंधन

क्यों परिणाम का मोह दुख देता है?
क्योंकि परिणाम तीन चीज़ें लाता है:

- **भविष्य की चिंता**
- **असफलता का डर**
- **सफलता का अहंकार**

मन एक साथ:

- भविष्य की चिंता
- वर्तमान का कार्य
- दूसरों की तुलना

सह नहीं सकता।
इसीलिए मन टूट जाता है।
जब मन परिणाम से बंधा होता है

- कर्म बोझ बन जाता है
- तनाव बढ़ जाता है
- क्रोध बढ़ जाता है
- तुलना बढ़ जाती है
- असंतोष बढ़ जाता है
- जीवन अधूरा लगता है

परिणाम-आसक्ति मन की सबसे बड़ी जंजीर है।

गीता — समर्पण कर्मयोग का मूल

कर्मयोग का केंद्र यही है:

"मा फलेषु कदाचन।"

परिणाम पर अधिकार मत रखो।

लेकिन कृष्ण आगे कहते हैं:

"कर्म करो, समर्पण करो, और शांत रहो।"

समर्पण का अर्थ यह नहीं कि

- कर्म कमजोर हो
- प्रयास कम हो
- ऊर्जा कम हो
- उत्साह कम हो

समर्पण का वास्तविक अर्थ है:

**"मैं पूरी शक्ति से कर्म करूँगा,
पर परिणाम की चिंता नहीं करूँगा।"**

यही फल-त्याग का भाव
कर्म को योग में बदल देता है।

समर्पण का अर्थ है न-लिप्तता

"कर्म करो, लेकिन मन को उसमें न लिप्त करो।"

लिप्तता दुख देती है।

समर्पण मुक्ति देता है।

- इच्छा → दुख
- अपेक्षा → दुख
- तुलना → दुख
- असफलता का भय → दुख
- सफलता का नशा → दुख

और समर्पण इन सभी दुखों को समाप्त करता है।

"करो, पर पकड़ो मत।"

समर्पण प्रेम का मार्ग है

कबीर कहते हैं:

"जो चाहे सो करी ले,
हूँ तो तेरा दास।
करत-करत मैं थाकियो,
तू न थाकियो पास।"

कबीर का अर्थ:

- कर्म मैं करूँ
- पर समर्पण ईश्वर को करू
- अपने अहं को कार्य से निकाल दू
- तब कार्य पूजा बन जाता है

कबीर समर्पण को आत्मा का पूर्ण प्रेम कहते हैं।

मनोवैज्ञानिक सत्य

समर्पण तनाव को 70% कम कर देता है

जब व्यक्ति पूरी तरह से प्रयास करता है
लेकिन परिणाम को छोड़ देता है
तो मन में यह परिवर्तन होते हैं

- तनाव घटता है
- clarity बढ़ती है
- creativity खुलती है
- निर्णय क्षमता बढ़ती है
- स्वछंदता बढ़ती है
- संतुलन बढ़ता है

क्यों?

क्योंकि मन केवल "कर्म" पर ध्यान देता है,
"परिणाम" पर नहीं।

मन एक ही चीज़ संभाल सकता है

या तो वर्तमान का कर्म
या भविष्य का परिणाम

समर्पण मन को वर्तमान से जोड़ता है और **वर्तमान = शक्ति**।

निस्वार्थ कर्म और समर्पण — दोनों में क्या अंतर है?

दोनों जुड़े हुए हैं पर भिन्न हैं:

निस्वार्थ कर्म = फल की इच्छा छोड़ना

"मुझे क्या मिलेगा" त्याग।

समर्पण = परिणाम का नियंत्रण छोड़ना

"क्या होगा" त्याग।

दोनों मिलकर बनाते हैं

पवित्र कर्म।

निस्वार्थता अहंकार को तोड़ती है।
समर्पण भय को तोड़ता है।

समर्पण कोई बाहर की क्रिया नहीं — यह अंदर की अवस्था है

समर्पण:

- मन की स्थिति
- भावना की पवित्रता
- अहंकार की अनुपस्थिति
- परिणाम से स्वतंत्रता
- कर्तव्य के प्रति सम्मान
- कृतज्ञता
- विश्वास
- विनम्रता

समर्पण का अर्थ नहीं कि व्यक्ति कमजोर है।
समर्पण का अर्थ है कि व्यक्ति **जागरूक** है।
समर्पण जागरण की अवस्था है।

समर्पण का विज्ञान — दिमाग कैसे बदलता है?

समर्पण दिमाग के तीन केंद्रों पर प्रभाव डालता है:

1. Amygdala (भय का केंद्र)

समर्पण भय और चिंता कम करता है।

2. Prefrontal Cortex (निर्णय का केंद्र)

समर्पण clarity और निर्णय क्षमता बढ़ाता है।

3. Dopamine System (असुरक्षा का केंद्र)

समर्पण craving और reward-dependence कम करता है।

इसलिए समर्पण न्यूरोसाइंस के अनुसार
मानसिक स्वतंत्रता है।

समर्पण ऊर्जा को मुक्त करता है

परिणाम पर पकड़
ऊर्जा को खींच लेती है।

उदाहरण:

- "क्या होगा?"
- "यह सही होगा या नहीं?"
- "लोग क्या सोचेंगे?"
- "अगर मैं असफल हो गया तो?"

ये सभी विचार
70–80% मानसिक ऊर्जा खा जाते हैं।

समर्पण इस energy leakage को रोक देता है।
Energy वापस आती है।
केंद्रित होती है।
और उसी केंद्रित ऊर्जा से
व्यक्ति चमत्कार करता है।

समर्पण का आध्यात्मिक महत्व

नियंत्रण छोड़ने पर ईश्वर का हस्तक्षेप शुरू होता है

आध्यात्मिक दृष्टि में समर्पण:

**"मैं अपना सर्वश्रेष्ठ करूँगा,
बाकी ब्रह्मांड को सौंपता हूँ।"**

जब व्यक्ति ऐसा करता है:

- उसे मार्गदर्शन मिलता है
- सही अवसर आते हैं
- घटनाएँ संयोग बनाती हैं
- ब्रह्मांड उसका साथ देता है

- अंतर्बोध बढ़ता है
- शक्ति बढ़ती है

समर्पण =

कर्म मानव का,

परिणाम ब्रह्मांड का।

यही आध्यात्मिक सहयोग है।

समर्पण और कर्तव्य — दोनों का मिलन

कर्तव्य कहता है:

"तुम्हें यह करना चाहिए।"

समर्पण कहता है:

"तुम परिणाम छोड़ दो।"

जब कर्तव्य और समर्पण मिलते हैं

- कर्म पवित्र होता है
- मन शांत होता है
- चरित्र मजबूत होता है
- जीवन सहज होता है
- ऊर्जा स्वतंत्र होती है

कर्तव्य + समर्पण = कर्मयोग

समर्पण जीवन को हल्का बनाता है

समर्पण से:

- बोझ उतरता है
- अपेक्षाएँ कम होती हैं
- चिंता घटती है
- अहंकार टूटता है
- मन शांत होता है
- क्रोध कम होता है
- ईर्ष्या मिटती है
- तुलना घटती है

समर्पण = Lightness

परिणाम-आसक्ति = Heaviness

समर्पण का अभ्यास कैसे करें? (10 उपाय)

1. **प्रतिदिन यह मंत्र कहें:**
   मैं प्रयास करूंगा, पर परिणाम ब्रह्मांड पर छोड़ता हूँ।
2. **हर कार्य की शुरुआत में**
   उद्देश्य लिखें, परिणाम नहीं।
3. **अपेक्षाएँ कम करें**
4. **तुलना बिल्कुल न करें**
5. **दूसरों की प्रशंसा या आलोचना में न फँसें**
6. **जीवन के कुछ हिस्सों को अनिश्चित रहने दें**
   अनिश्चितता → समर्पण का द्वार।
7. **हर रात स्वयं से पूछें**
   क्या मैंने आज पूरी निष्ठा से कर्म किया?
   यदि हाँ—तो बस इतना ही पर्याप्त है।
8. **गलतियों को स्वीकारना सीखें**
   गलती = सीख
   सीख = विकास
   विकास = समर्पण
9. **ध्यान करें**
   ध्यान मन को छोड़ना सिखाता है।
10. **परिणाम की जगह कर्म की गुणवत्ता पर ध्यान दें**
   Quality of effort = Quality of life

15. **समर्पण व्यक्ति को साहसी बनाता है**
   क्योंकि:
   - डर परिणाम से आता है
   - साहस कर्तव्य से आता है

जब आप परिणाम छोड़ देते हैं
डर खत्म हो जाता है।
और बिना डर का व्यक्ति
साहसी होता है।
इसलिए समर्पण कमजोरी नहीं
साहस का उच्चतम रूप है।

समर्पण और मोक्ष — दोनों एक ही मार्ग पर हैं

मोक्ष का अर्थ है:

- छोड़ना
- मुक्त होना
- अनासक्ति
- समत्व
- स्वतंत्रता

समर्पण:

कर्म → रखता है
फल → छोड़ देता है

मोक्ष:

अहंकार → छोड़ देता है
मन → मुक्त करता है

समर्पण कर्म में मोक्ष है।
मोक्ष चेतना में समर्पण है।
दोनों एक ही मार्ग हैं।

समर्पण कर्म को योग और जीवन को पवित्र बनाता है

इस अध्याय का मूल संदेश:

- समर्पण = कर्म में पूर्णता
- समर्पण = मन में शांति
- समर्पण = फल से स्वतंत्रता
- समर्पण = अहंकार का अंत
- समर्पण = बुद्धि का जागरण
- समर्पण = कर्तव्य का सौंदर्य
- समर्पण = आध्यात्मिक विकास
- समर्पण = जीवन का संतुलन

कर्म + समर्पण = योग
कर्म + अपेक्षा = तनाव

समर्पण वह प्रकाश है
जो कर्म को पवित्र बनाता है और जीवन को सरल।
समर्पण वह अग्नि है जो मन को जलाकर
उसके भीतर शांति, सत्य और जागृति लाती है।
समर्पण वह शक्ति है जिससे मनुष्य
अर्थपूर्ण, संतुलित, शांत, जागृत और स्वतंत्र हो जाता है।

अध्याय – 14

चेतना और कर्म का एकत्व

अस्तित्व का ऊँचा अनुभव—जब कर्म ध्यान बन जाए

कर्म और ध्यान दो नहीं, एक ही हैं

अधिकांश लोग ध्यान को कर्म से अलग मानते हैं।

- ध्यान = बैठकर शांति में जाना
- कर्म = दुनिया में सक्रिय रहना

लेकिन यह द्वंद्व केवल अज्ञान का परिणाम है।

गहरा सत्य यह है

ध्यान कर्म से अलग नहीं,
ध्यान कर्म के भीतर है।

जब चेतना जागृत होती है
कर्म ध्यान बन जाता है।

और जब कर्म ध्यान में बदल जाता है
जीवन पूर्णता में बदल जाता है।

यह अध्याय इसी गहरे अनुभव का विस्तार है:

- चेतना क्या है?
- कर्म चेतना को कैसे प्रभावित करता है?
- ध्यान का वास्तविक अर्थ क्या है?
- "कर्म को ध्यान बनाना" कैसे संभव है?
- जब मन जागृत हो जाता है तो
  हर कार्य—चलना, खाना, काम करना, बोलना,
  यहां तक कि सांस लेना भी—ध्यान क्यों बन जाता है?
- कबीर, बुद्ध और गीता चेतना और कर्म के एकत्व को कैसे समझाते हैं?

और अंत में

जब मन पूर्ण रूप से उपस्थित होता है,
तो जीवन के हर क्षण में ध्यान का जन्म होता है।

यह अध्याय कर्मयोग का सबसे ऊँचा स्तर प्रकट करता है।

चेतना क्या है? — जो देख रहा है, वही चेतना है

चेतना कोई दार्शनिक शब्द नहीं।

चेतना = Awareness
चेतना = Presence
चेतना = जागरूकता

चेतना वह है

- जो विचारों को देख रहा है
- जो भावनाओं को देख रहा है
- जो शरीर को अनुभव कर रहा है
- जो समय को देख रहा है
- जो स्वयं को भी देख रहा है

भीतर जो "देखने की क्षमता" है,
वही चेतना है।

विचार बदलते हैं
भावनाएँ बदलती हैं
शरीर बदलता है
पर चेतना वही रहती है
शांत, स्थिर, साक्षी।

यही चेतना जब कर्म में उतरती है
तो कर्म ध्यान बन जाता है।

कर्म क्या है? — चेतना का बाहरी प्रवाह

यदि चेतना भीतर का प्रकाश है,
तो कर्म उस प्रकाश का बाहरी प्रवाह है।

कर्म = चेतना की बाहरी अभिव्यक्ति
चेतना = कर्म का आंतरिक केंद्र

बिना चेतना के कर्म होता है
→ यांत्रिक, प्रतिक्रियात्मक, तनावपूर्ण

चेतना के साथ कर्म होता है
→ शांत, समत्वपूर्ण, रचनात्मक, ध्यानपूर्ण

कर्म = क्रिया
चेतना = अनुभव
ध्यान = जब क्रिया और अनुभव एक हो जाएँ

ध्यान क्या है? — पूर्ण उपस्थिति

ध्यान कोई तकनीक नहीं,
ध्यान कोई विधि नहीं,
ध्यान कोई मुद्रा नहीं।

ध्यान वह अवस्था है

जब मन, शरीर और चेतना
पूरी तरह वर्तमान क्षण में एक हो जाते हैं।

ध्यान =

- न भविष्य
- न अतीत
- न इच्छाएँ
- न प्रतिक्रियाएँ
- न अहंकार
- न डर

ध्यान केवल एक चीज है
वर्तमान में पूर्ण जागरूकता।

जब यह जागरूकता कर्म में आने लगती है
तब कर्म ध्यान बन जाता है।

कर्म को ध्यान कैसे बनाया जाए? — पाँच आधार

कर्म ध्यान तब बनता है,
जब पाँच चीजें एक साथ होती हैं

1. उपस्थिति (Presence)
आप पूरी तरह उस कर्म में हों जो आप कर रहे हैं।

2. समत्व (Equanimity)
भावनाएँ आपको न गिराएँ, न ऊपर उठाएँ।

3. निस्वार्थता (non-attachment)
कर्म में डूबे रहें
लेकिन परिणाम से मुक्त रहें।

4. सहजता (Flow)
कर्म में घर्षण ना हो,
कर्म प्राकृतिक हो जाए।

5. समर्पण (Surrender)
"मैं" करने वाला पीछे हट जाए,
कृत्य स्वयं बहने लगे।

इन पाँच तत्वों का मिलन
कर्म को ध्यान में परिवर्तित कर देता है।

कर्म में चेतना का प्रवेश — एक अद्‌भुत क्षण

जब चेतना किसी कर्म में प्रवेश करती है,
तो तीन परिवर्तन होते हैं:

1. गति धीमी हो जाती है
आप जल्दबाज़ी नहीं करते,
आप गहराई से करते हैं।

2. मन शांत हो जाता है
विचार, शोर, चिंता स्वतः कम हो जाती है।

3. कर्म में आनंद मिलता है
भले ही कार्य साधारण हो
उसमें रस आ जाता है।

चाहे आप

- खाना खा रहे हों
- टहल रहे हों
- बोल रहे हों
- लिख रहे हों
- काम कर रहे हों
- सफाई कर रहे हों
- वाहन चला रहे हों

जब चेतना भीतर सक्रिय होती है
हर कार्य सुंदर और ध्यानपूर्ण हो जाता है।

गीता — चेतना और कर्म का एकत्व = योग

कृष्ण कहते हैं:

“योगः कर्मसु कौशलम्।”

जब कर्म ध्यान बन जाए,
वही कौशल है, वही योग है।

गीता कर्म के माध्यम से ध्यान सिखाती है।

कृष्ण अर्जुन से कहते हैं:

- मन को जागृत करो
- कर्तव्य करो
- परिणाम छोड़ दो
- समत्व अपनाओ

और हर कर्म ध्यान बन जाएगा

कृष्ण कर्म को ध्यान का मार्ग बनाते हैं
क्योंकि ध्यान कोई अलग क्रिया नहीं
वह जीवन है।

"सतर्कता" ही ध्यान है

स्मृति = Mindfulness
Mindfulness = Awareness
Awareness = चेतना का प्रवाह

"चलो, लेकिन जानते हुए चलो।
खाओ, लेकिन जानते हुए खाओ।
बोलो, लेकिन जानते हुए बोलो।"

यही ध्यान है—
कर्म के प्रत्येक क्षण में जागना।

क्योंकि ध्यान = चेतना
और चेतना = जागरण
और जागरण = वर्तमान

कर्म का प्रत्येक क्षण
वर्तमान में होता है।

जब कर्म ध्यान बन जाता है तो जीवन कैसा होता है?

यह बेहद अद्‌भुत अवस्था है।
कुछ लक्षण:

1. शोर कम हो जाता है
मन का आंतरिक कोलाहल लगभग समाप्त हो जाता है।

2. समय धीमा लगता है
हर क्षण गहरा अनुभव होता है।

3. कार्य हल्का हो जाता है
कर्म बोझ नहीं, सौंदर्य बन जाता है।

4. **मन शांत और स्थिर रहता है**
   चाहे कार्य कितना भी कठिन हो।
5. **रचनात्मकता बढ़ती है**
   चेतना की उपस्थिति से विचार शुद्ध होते हैं।
6. **आप छोटी चीजों से भी आनंद लेने लगते हैं**
   जैसे
   हवा, पत्ते, सूर्य, सांस, पानी, ध्वनि।
7. **आपके भीतर करुणा और प्रेम बढ़ता है**
   चेतना = प्रेम
   प्रेम = चेतना

कर्म ध्यान बन जाता है
क्योंकि चेतना सक्रिय हो जाती है।

चेतना और कर्म के एकत्व का वैज्ञानिक सत्य

न्यूरोसाइंस इस अनुभव को "Flow State" कहता है।

Flow में व्यक्ति:

- वर्तमान में रहता है
- समय की अनुभूति खो देता है
- पूरा कार्य पर ध्यान रहता है
- मन अत्यधिक शांत होता है
- कार्य का आनंद मिलता है
- रचनात्मकता 400–500% तक बढ़ जाती है

Flow = चेतना + कर्म का एकत्व

Flow में व्यक्ति
ध्यान और कर्म दोनों की उच्चतम अवस्था में होता है।

कर्म में चेतना कैसे जागती है?

तीन प्रमुख तरीकों से:

1. **श्वास की जागरूकता**
   श्वास को देखते रहना → मन शांत।
2. **वर्तमान पर ध्यान**
   जो हो रहा है → पूरी उपस्थिति।

3. उद्देश्य की स्पष्टता

कर्म = कर्तव्य

कर्म = सेवा

कर्म = समर्पण

जब उद्देश्य शुद्ध होता है
चेतना स्वतः जाग उठती है।

जब चेतना कर्म को छूती है—व्यक्ति बदल जाता है

कर्म में चेतना आने से व्यक्ति:

- उत्तेजित नहीं होता
- आवेशित नहीं होता
- क्रोधित नहीं होता
- भयभीत नहीं होता
- विचलित नहीं होता
- तनावग्रस्त नहीं होता

चेतना व्यक्ति को
"साक्षी" बना देती है।

और साक्षी अवस्था
ध्यान की सर्वोच्च अवस्था है।

कर्म में चेतना — 10 अद्भुत परिवर्तन

जब व्यक्ति चेतना के साथ कर्म करता है

1. संघर्ष समाप्त होता है

मन और कर्म में विरोध नहीं होता।

2. निर्णय आसान हो जाते हैं

चेतना स्पष्टता देती है।

3. कर्तव्य पवित्र बन जाता है

कर्तव्य + चेतना = भक्ति

4. तनाव नष्ट हो जाता है

परिणाम की चिंता नहीं रहती।

5. अहंकार गिरने लगता है

"मैं" करने वाला पीछे हटता है।

6. गति बढ़ती नहीं, गहराई बढ़ती है
Slow → Deep → Strong

7. मन शांत हो जाता है
मन का शोर रुकने लगता है।

8. रचनात्मकता अंकुरित होती है
Flow state सक्रिय होता है।

9. प्रेम और करुणा बढ़ जाती है
चेतना = करुणा

10. जीवन ध्यान बन जाता है
पूरी जीवन यात्रा
एक ध्यान।

कर्म में चेतना लाने की 10 तकनीक व अभ्यास

व्यावहारिक अभ्यास

1. हर कार्य से पहले 3 गहरी सांसें लें
2. काम करते समय केवल काम पर ध्यान दें
3. कार्य की गति 10% धीमी करें
4. बोलते समय शब्दों पर ध्यान दें
5. खाना खाते समय स्वाद को महसूस करें
6. चलते समय पैरों की स्पर्श-जन्य अनुभूति को देखें
7. काम करते समय शरीर की मुद्रा के प्रति जागरूक रहें
8. फोन इस्तेमाल करते समय सचेत रहें
9. कार्य का उद्देश्य याद रखें
→ "कर्म ध्यान बने।"

10. दिन में 10 बार
वर्तमान पर लौटें।
हर बार यह करें:
"मैं यहाँ हूँ। पूरी तरह। जागरूक।"

कुछ ही दिनों में
कर्म में चेतना का प्रवेश शुरू हो जाएगा।

चेतना और कर्म का अंतिम एकत्व — अद्वैत

जब व्यक्ति इस मार्ग पर बढ़ता है
एक दिन यह अनुभव होता है कि:

- सोचने वाला मैं नहीं
- करने वाला मैं नहीं
- चलता हुआ शरीर नहीं
- कर्म बह रहा है
- चेतना साक्षी है
- जीवन स्वयं बह रहा है
- मैं केवल उपस्थित हूँ

यह अद्वैत का अनुभव है।
यह वही अवस्था है
जहाँ ध्यान = कर्म
और कर्म = ध्यान

यह वही अवस्था है
जिसे बुद्ध निर्वाण कहते हैं,
कृष्ण योग कहते हैं,
कबीर सहज अवस्था कहते हैं।

अंतिम सत्य

चेतना का स्पर्श कर्म को तपस्या में बदल देता है

जब चेतना कर्म को छूती है
कर्म बदल जाता है।

कर्म साधारण नहीं रहता
कर्म तपस्या बन जाता है।

तपस्या का अर्थ

- न शरीर को कष्ट देना
- न भोग त्यागना

तपस्या का अर्थ है
कर्म को चेतना से करना।

जब कर्म चेतना में होता है
वह पवित्र बनता है,
वह शांत बनता है,
वह सुंदर बनता है,
वह गहरा बनता है।

और अंत में
वह ध्यान बन जाता है।

निष्कर्ष — कर्म ध्यान नहीं, ध्यान से कर्म ही ध्यान है

इस अध्याय का सार:

- चेतना = जागरूकता
- कर्म = क्रिया
- ध्यान = क्रिया + जागरूकता

कर्म ध्यान तभी बनता है
जब चेतना उपस्थित होती है।

कर्म = बाहर की क्रिया
चेतना = भीतर का प्रकाश
इन दोनों का मिलन = योग

यही कर्मयोग की सर्वोच्च अवस्था है।

जहाँ जीवन के हर क्षण में
ध्यान उत्पन्न होता है।

जहाँ प्रत्येक कर्म
पवित्र, शांत, गहरा और जागृत हो जाता है।

जहाँ मन और अस्तित्व
एक हो जाते हैं।

और यही है
चेतना और कर्म का एकत्व।

अध्याय – 15

कर्म-संस्कार और मुक्तिक्षेत्र

कर्म-संस्कार कैसे बनते हैं, और उनसे मुक्ति का मार्ग

कर्म क्षणिक है, संस्कार स्थायी

मनुष्य जो करता है वह केवल बाहर नहीं होता
हर कर्म भीतर भी छपता है।

- हम जैसा सोचते हैं
- जैसा बोलते हैं
- जैसा करते हैं
- जैसा महसूस करते हैं
- जैसा चयन करते हैं

यह सब मिलकर **संस्कारों** को जन्म देते हैं।

कर्म कुछ मिनट का होता है,
लेकिन संस्कार सालों-साल चलते रहते हैं।

संस्कार = **कर्म की मानसिक छाप।**

जीवन का अधिकांश हिस्सा संस्कारों से चल रहा है
विचार, आदतें, निर्णय, प्रतिक्रियाएँ,
यहाँ तक कि हमारा व्यक्तित्व भी।

इस अध्याय का उद्देश्य है

- संस्कार क्या हैं?
- संस्कार कैसे बनते हैं?
- अच्छे-बुरे संस्कारों का फर्क
- अवचेतन मन और संस्कारों का संबंध
- कर्म-संस्कार आपके जीवन और नियति को कैसे निर्धारित करते हैं
- कष्ट देने वाले संस्कार कैसे टूटते हैं?
- संस्कार-विनाश और मुक्तिक्षेत्र (Freedom Zone) क्या है?
- कर्मयोग कैसे संस्कारों से मुक्ति देता है?

यह अध्याय मन की गहराई को खोल देगा।

संस्कार क्या हैं? — मन की छाप

संस्कार =
किसी कर्म, विचार या अनुभव की अवचेतन छाप
जो बार-बार व्यवहार के रूप में प्रकट होती है।

ये छापें

- दिमाग की बिना लिखी फाइलें
- मन के पैटर्न
- आदतों की जड़ें
- निर्णयों की नींव
- भावनाओं के प्रवाह
- व्यक्तित्व के आधार
- और नियति के मार्गदर्शक

संस्कार दिखाई नहीं देते लेकिन जीवन पूरी तरह उन्हें चलाता है।

संस्कार कैसे बनते हैं? — पाँच चरण

संस्कार बनने की प्रक्रिया बेहद वैज्ञानिक है:

1. **विचार (Thought)**
   हर विचार एक ऊर्जा-रेखा बनाता है।
2. **भावना (Emotion)**
   यदि विचार के साथ भावना जुड़ जाए
   तो छाप गहरी होती है।
3. **कर्म (Action)**
   जब विचार + भावना कर्म बन जाते हैं
   तो छाप और मजबूत होती है।
4. **पुनरावृत्ति (Repetition)**
   बार-बार ऐसा करने से
   छाप → आदत बन जाती है।
5. **स्थिरीकरण (Fixation)**
   जब आदत लंबे समय तक रहती है
   → संस्कार बन जाता है।

यही कारण है:

एक कर्म → आदत
कई कर्म → स्वभाव
लगातार कर्म → संस्कार

संस्कार = स्थायी पैटर्न।

संस्कार तीन स्तर

1. **मानसिक संस्कार**
   सोचने के पैटर्न
   (overthinking, negative bias, judgement)
2. **भावनात्मक संस्कार**
   अनुभव के पैटर्न
   (fear, anger, insecurity, attachment)
3. **व्यवहारिक संस्कार**
   कर्म के पैटर्न
   (procrastination, discipline, kindness, anger)

संस्कार मन के हर हिस्से को प्रभावित करते हैं।

अच्छे और बुरे संस्कार

कौन जीवन उठाता है, कौन गिराता है

अच्छे संस्कार

- सत्य
- करुणा
- अनुशासन
- निस्वार्थता
- धैर्य
- कर्तव्यनिष्ठा
- क्षमा
- संतोष
- ध्यान
- सेवा

ये मन को हल्का बनाते हैं।
उन्नति देते हैं।
जीवन को उजाला देते हैं।

बुरे संस्कार

- क्रोध
- ईर्ष्या

- स्वार्थ
- तुलना
- भय
- आलस्य
- प्रतिक्रिया
- लोभ
- भ्रम
- अहंकार

ये मन को भारी बनाते हैं।
अंतहीन पीड़ा देते हैं।
विकास रोक देते हैं।

लोग अक्सर संघर्ष नहीं करते

वे अपने संस्कारों से संघर्ष करते हैं।

संस्कार नियति क्यों बन जाते हैं?

क्योंकि संस्कार दो चीजें प्रभावित करते हैं:

1. चुनाव

हम वही चुनते हैं जिसके संस्कार अंदर मजबूत होते हैं।

2. प्रतिक्रियाएँ

हम घटनाओं पर वैसे ही प्रतिक्रिया देते हैं
जैसा संस्कार-भंडार हमें निर्देशित करता है।

संस्कार हर निर्णय की "डिफ़ॉल्ट सेटिंग" हैं।

**"मनुष्यों का संघर्ष दुनिया से नहीं
अपने संस्कारों से है।"**

अवचेतन मन — संस्कारों का भू-भंडार

संस्कार वहाँ संग्रहित होते हैं जहाँ आपकी पहुँच नहीं

अवचेतन मन (Subconscious Mind)।

अवचेतन:

- तेज
- शक्तिशाली
- गहरा

- बिना तर्क
- बिना विश्लेषण
- केवल पैटर्न पर चलता है

जब संस्कार अवचेतन में चले जाते हैं

- व्यक्ति अनजाने में वही करता है
- वही बोलता है
- वही सोचता है
- वही महसूस करता है
- वही चुनता है

जो वह नहीं भी चाहता
फिर भी कर बैठता है।

इसे ही लोग कहते हैं
"मुझे नहीं पता मैंने ऐसा क्यों किया।"

क्योंकि वह **आप** नहीं थे
वह **आपके संस्कार** थे।

कर्म-संस्कार जीवन को कैसे नियंत्रित करते हैं?

संस्कार तीन चीजों को नियंत्रित करते हैं

1. Habit (आदतें)

जो आदतें आप बदल नहीं पा रहे
→ संस्कार की देन।

2. Emotions (भावनाएँ)

अचानक क्रोध, दुख, डर
→ संस्कार सक्रिय होते हैं।

3. Identity (पहचान)

"मैं ऐसा हूँ"
→ संस्कार के दोहराव का परिणाम।

कर्म संस्कारों को बनाता है, फिर संस्कार कर्मों को बनाते हैं।

यह चक्र चलता रहता है
कर्म → संस्कार → कर्म → संस्कार

इसी चक्र से मुक्ति = मुक्तिक्षेत्र (Freedom Zone)

मुक्तिक्षेत्र क्या है? जहाँ व्यक्ति संस्कारों से स्वतंत्र हो जाता है

मुक्तिक्षेत्र = संस्कारों से परे जीने की अवस्था।

मुक्तिक्षेत्र में व्यक्ति:

- प्रतिक्रियाओं से मुक्त
- भय से मुक्त
- क्रोध से मुक्त
- पिछले पैटर्न से मुक्त
- स्वभाव की सीमाओं से मुक्त
- मन के बंधनों से मुक्त

मुक्तिक्षेत्र का अर्थ है

**"मैं जैसा हमेशा से रहा हूँ,
वैसा रहने के लिए बाध्य नहीं हूँ।"**

यही अध्यात्म का चरम लक्ष्य है।

संस्कारों को कैसे पहचाना जाए? — 10 संकेत

आपके संस्कार का पता चलता है:

1. **जो आदतें आप छोड़ नहीं पाते**
   → संस्कार
2. **जो भावनाएँ बार-बार आती हैं**
   → संस्कार
3. **जो प्रतिक्रियाएँ स्वतः घटती हैं**
   → संस्कार
4. **जिन विचारों पर नियंत्रण नहीं रहता**
   → संस्कार
5. **जो गलतियाँ बार-बार दोहराते हैं**
   → संस्कार
6. **जो संबंध पैटर्न दोहराते हैं**
   → संस्कार
7. **जो भय बचपन से बना है**
   → संस्कार

8. जिन इच्छाओं का कोई अंत नहीं

→ संस्कार

9. जिन बातों पर आप तुरंत आहत होते हैं

→ संस्कार

10. जो व्यवहार आपको परेशान करता है

पर आप बदल नहीं पाते
→ संस्कार

पहचान ही आधी मुक्ति है।

संस्कार कैसे टूटते हैं? — विज्ञान + अध्यात्म

संस्कार तोड़ने के तीन सबसे शक्तिशाली तरीके:

1. जागरूकता (Awareness)

जैसे ही आप पैटर्न देखते हैं
→ वह कमजोर हो जाता है।

2. विपरीत कर्म (Opposite Action)

क्रोध का संस्कार है
→ करुणा का कर्म करो
लोभ का संस्कार है
→ दान का कर्म करो
भय का संस्कार है
→ साहस का अभ्यास करो

यह विपरीत कर्म
संस्कार को विघटित करता है।

3. समर्पण (Surrender)

अहंकार छोड़ते ही

गहरे संस्कार पिघलने लगते हैं।

संस्कार-विनाश के 10 आध्यात्मिक मार्ग

1. ध्यान

ध्यान = संस्कारों को देखने की शक्ति
देखना → टूटना

2. श्वास-जागरूकता

श्वास मन को वर्तमान में लाती है
वर्तमान में संस्कार सक्रिय नहीं हो पाते।

3. निस्वार्थ कर्म

निस्वार्थ कर्म → अहंकार तोड़ता है
अहंकार टूटे → संस्कार पिघलें

4. सत्संग

उच्च ऊर्जा पुराने पैटर्न को कमजोर करती है।

5. मंत्र-जप

वाइब्रेशन अवचेतन को शुद्ध करता है।

6. क्षमा

सबसे शक्तिशाली संस्कार-विनाशक।

7. कृतज्ञता

नकारात्मक संस्कारों का तत्काल समाधान।

8. सेवा

सेवा = Selflessness
Selflessness = Pattern break

9. सत्य का पालन

सत्य = मन का Mirror
Mirror = संस्कारों को पिघलाता है।

10. स्वधर्म

अपने मार्ग पर चलना =
आंतरिक शुद्धि।

कर्मयोग — संस्कारों से मुक्ति का सर्वोच्च विज्ञान

कर्मयोग संस्कारों से मुक्ति के लिए
सबसे प्रभावी मार्ग है।

कर्मयोग में तीन चीजें होती हैं:

1. निस्वार्थ कर्म

Ahamkara-shattering
संस्कार टूटते हैं।

2. समर्पण

फल-त्याग → मन हल्का
→ अवचेतन शुद्ध

3. समत्व

भावनाओं से मुक्त → पैटर्न कमजोर

कर्मयोग संस्कारों को दो स्तरों पर तोड़ता है:

- **प्रतिक्रिया पैटर्न**
- **भावनात्मक पैटर्न**

इसलिए गीता संस्कार-विनाश को यही मार्ग मानती है।

संस्कार का रोग प्रेम से कटता है

"मन के मैल को धोने का मार्ग
प्रेम और सेवा है।"

प्रेम → भय को तोड़ता है
सेवा → अहंकार को तोड़ती है
सत्य → भ्रम को तोड़ता है
कर्म → आलस्य को तोड़ता है

जब ये चार मिलते हैं
मन संस्कारों से स्वतंत्र हो जाता है।

संस्कारों को 'वासनाएँ' कहते हैं

"वासनाएँ ही मन की जड़ता हैं।"

वासनाएँ = संस्कार
वासनाएँ कर्म को चलाती हैं
वासनाएँ दुःख को जन्म देती हैं

और मुक्ति का मार्ग—

स्मृति (Mindfulness)

जैसे ही पैटर्न
Mindfulness में दिखने लगते हैं—
वे ढहने लगते हैं।

मुक्तिक्षेत्र — जहाँ व्यक्ति नया जन्म लेता है

जब संस्कार टूटते हैं

- मन हल्का
- प्रतिक्रियाएँ शांत
- अहंकार क्षीण
- कर्तव्य स्पष्ट
- आत्मा जागृत
- निर्णय निर्मल

यह अवस्था मुक्तिक्षेत्र है।

यहाँ व्यक्ति

- स्वभाव से नहीं
- चेतना से जीता है
- आदतों से नहीं
- जागरूकता से जीता है
- संस्कारों से नहीं
- बुद्धि और सत्य से जीता है

यही वास्तविक स्वतंत्रता है।

संस्कारों से मुक्ति: 10 व्यावहारिक अभ्यास

1. **पैटर्न पहचानें**
   "मैं हमेशा ऐसा क्यों करता हूँ?"
2. **तुरंत प्रतिक्रिया न दें**
   विरोध मत करो, देखो।
3. **विपरीत कर्म करें**
   Habit-breaking तकनीक।
4. **सुबह 10 मिनट मौन बैठें**
   संस्कार सतह पर आते हैं।
5. **कृतज्ञता डायरी**
   भावनाओं का शोधन।
6. **क्षमा का अभ्यास**
   भावनात्मक संस्कार टूटते हैं।

7. सेवा करें

Ego dissolve → Sanskar dissolve.

8. truthful living

सत्य मन को mirror देता है।

9. भावनाओं को लिखें

Emotional release = Sanskar release.

10. फल-त्याग

Attachment = Sanskar
Detachment = Freedom

अंतिम सत्य — कर्म-संस्कार आपका भविष्य लिखते हैं

और कर्तव्य आपको उनसे मुक्त करता है**

इस अध्याय का केंद्रीय सूत्र:

- कर्म → संस्कार बनते हैं
- संस्कार → स्वभाव बनते हैं
- स्वभाव → कर्म को चलाता है
- कर्म → नियति बनाता है

लेकिन इस चक्र से मुक्ति का मार्ग है

कर्तव्य, समत्व और समर्पण।

कर्तव्य = चेतना
चेतना = जागरूकता
जागरूकता = संस्कार-विनाश
संस्कार-विनाश = मुक्तिक्षेत्र
मुक्तिक्षेत्र = स्वतंत्रता

मुक्तिक्षेत्र
वह अवस्था जहाँ मनुष्य अपने ही मन का दास नहीं,
स्वामी बन जाता है।

अध्याय – 16

जिम्मेदारी बनाम अधिकार

अधिकार अपने आप आते हैं—जिम्मेदारी से

अधिकार दुनिया को चाहिए, जिम्मेदारी किसी को नहीं

- "मुझे यह अधिकार चाहिए।"
- "मुझे यह सुविधा चाहिए।"
- "मुझे यह सम्मान मिलना चाहिए।"
- "मुझे यह अवसर मिलना चाहिए।"

लेकिन कहना यह है

"मुझे यह जिम्मेदारी उठानी है।"

सच्चाई यह है:

अधिकार कभी माँगने से नहीं मिलते।
अधिकार ज़िम्मेदारी निभाने से पैदा होते हैं।

जिम्मेदारी वह आधार है जिस पर अधिकार खड़े होते हैं।

बिना जिम्मेदारी के लिए गए अधिकार
अहंकार बन जाते हैं।
और जिम्मेदारी से अर्जित अधिकार
सम्मान बन जाते हैं।

इस अध्याय में हम गहराई से समझेंगे

- अधिकार क्या है?
- जिम्मेदारी क्या है?
- दोनों का वास्तविक संबंध क्या है?
- क्यों अधिकार माँगने से नहीं, योग्यता से मिलते हैं?
- मनोवैज्ञानिक, सामाजिक और आध्यात्मिक स्तर पर जिम्मेदारी कैसे अधिकारों को जन्म देती है?

और अंत में

अपने जीवन में अधिकार स्वयं कैसे आएँ—जिम्मेदारी से?

यह अध्याय "कर्तव्य" से "अधिकार" की यात्रा का
वैज्ञानिक, दार्शनिक और आध्यात्मिक सार प्रस्तुत करेगा।

अधिकार क्या है? — मूल्य के बदले मिलने वाला सम्मान

अधिकार का अर्थ है:

"वह मान्यता, सुविधा, अवसर, सम्मान
जो व्यक्ति की योग्यता, गुणों और जिम्मेदारी के कारण
स्वतः प्राप्त होता है।"

अधिकार:

- किसी का उपहार नहीं
- किसी की कृपा नहीं
- न ही कोई दान

अधिकार व्यक्ति की योग्यता का परिणाम है।

अधिकार =
आपकी **जिम्मेदारी + चरित्र + निष्ठा** का सामाजिक फल।

अधिकार माँगा नहीं जाता,
अधिकार "अर्जित" किया जाता है।

जिम्मेदारी क्या है? — अपने हिस्से के सत्य को निभाना

जिम्मेदारी का अर्थ:

- किसी कार्य का स्वामित्व
- किसी परिणाम की जवाबदेही
- किसी भूमिका की निष्ठा
- किसी मूल्य का पालन
- किसी संबंध का संतुलन

जिम्मेदारी =
"मेरी भूमिका का सत्य।"

जिम्मेदारी व्यक्ति को परिपक्व बनाती है।
जिम्मेदारी उसे शक्ति देती है।
जिम्मेदारी उसे दूसरों के लिए उपयोगी बनाती है।

जहाँ जिम्मेदारी है
वहीं अधिकार प्रकट होते हैं।

अधिकार और जिम्मेदारी का पहला नियम

जिम्मेदारी → अधिकार
न कि
अधिकार → जिम्मेदारी।

अधिकार जिम्मेदारी का परिणाम है।
जिम्मेदारी अधिकार की नींव है।

जैसे

- पौधे को पानी (जिम्मेदारी) दो
  → फल (अधिकार) स्वतः आएगा
- पढ़ाई (जिम्मेदारी) करो
  → परीक्षा में सफलता (अधिकार) मिलेगी
- सेवा (जिम्मेदारी) करो
  → सम्मान (अधिकार) मिलेगा
- अनुशासन (जिम्मेदारी) निभाओ
  → स्वतंत्रता (अधिकार) मिलेगी

अधिकार हमेशा जिम्मेदारी के पीछे आते हैं।

अगर आप जिम्मेदारी को छोड़कर
सीधे अधिकार को पकड़ेंगे
तो जीवन असंतुलित हो जाएगा।

दुनिया अधिकार देती है

ईश्वर जिम्मेदारी देता है ।

दुनिया को अधिकारों से कोई मतलब नहीं।
दुनिया को उपयोगिता से मतलब है।

ईश्वर आपको अधिकार नहीं देता।
ईश्वर आपको जिम्मेदारी देता है।

क्यों?

क्योंकि जिम्मेदारी:

- आपको मजबूत बनाती है
- आपको उपयोगी बनाती है
- आपकी चेतना उठाती है
- आपकी योग्यता बढ़ाती है

जब योग्यता बढ़ती है
अधिकार खुद आ जाते हैं।

ईश्वर का नियम है:

"जो जिम्मेदारी निभाता है,
उसे ईश्वर और समाज
दोनों अधिक अधिकार देते हैं।"

मनोविज्ञान — जिम्मेदारी व्यक्ति को अधिकार के योग्य बनाती है

मनोविज्ञान के अनुसार जिम्मेदारी लेने से व्यक्ति में पाँच परिवर्तन होते हैं:

1. Self-worth बढ़ता है
व्यक्ति अपने को सक्षम मानने लगता है।

2. Decision-making विकसित होता है
निर्णय की शक्ति आती है।

3. Emotional maturity बढ़ती है
भावनाएँ स्थिर होती हैं।

4. Social respect मिलता है
जिम्मेदार लोग सम्मानित होते हैं।

5. Leadership qualities आती हैं
जिम्मेदार व्यक्ति नेता बनते हैं।

ये पाँच परिवर्तन
अधिकार पाने के लिए आवश्यक हैं।

इसलिए:

जिम्मेदारी → योग्यता
योग्यता → अधिकार

क्यों लोग अधिकार माँगते हैं और जिम्मेदारी से भागते हैं?

क्योंकि जिम्मेदारी में:

- मेहनत है
- अनुशासन है
- जवाबदेही है
- त्याग है
- ईमानदारी है
- और अधिकार में:
- आराम है
- सुविधा है
- नियंत्रण है

- मान्यता है
- शक्ति है

इसलिए मन चाहत की ओर भागता है और सच्चाई से कतराता है।

किंतु यह प्रकृति का नियम है:

"जो जिम्मेदारी से भागता है,
अधिकार उससे भागते हैं।"

अधिकार माँगने का मनोविज्ञान — असुरक्षा + अहंकार

जब कोई अधिकार माँगता है,
तो उसके मन में दो बातें होती हैं

1. असुरक्षा

"क्या मुझे मेरी जगह मिलेगी?"

2. अहंकार

"मुझे यह मिलना चाहिए।"

लेकिन जब कोई जिम्मेदारी लेता है
तो दोनों खत्म हो जाते हैं।

क्योंकि जिम्मेदारी
व्यक्ति को भरोसा देती है
और समीक्षा का भय समाप्त करती है।

गीता — कर्तव्य से अधिकार स्वतः आते हैं

कृष्ण कहते हैं:

"कर्तव्य पालन करने वाले को
अधिकार स्वतः मिलते हैं।"

कृष्ण बार-बार कहते हैं:

"तुम्हारा अधिकार सिर्फ कर्म पर है।"
फल पर नहीं।

लेकिन यहाँ एक गहरा संकेत है:

जो कर्म पर ध्यान देता है
उसे फल सौंप दिया जाता है।

यानी

कर्तव्य → समर्पण → अधिकार

अधिकार का मार्ग
कर्तव्य से होकर जाता है।

अधिकार नहीं, धर्म को पकड़ो

"धर्म की ओर चलो,
सम्मान तुम्हारा पीछा करेगा।"

- धर्म निभाना → जिम्मेदारी
- करुणा → जिम्मेदारी
- सत्य → जिम्मेदारी
- जागरूकता → जिम्मेदारी

जब ये गुण जीवन में आते हैं

अधिकार (सम्मान, प्रभाव, नेतृत्व, मान्यता)
स्वतः मिलने लगते हैं।

सेवा करो, अधिकार खुद आएगा

"सेवा कर, फल की चिंता मत कर।
फल प्रेम से आएगा,
तूने बुलाया हो या ना बुलाया हो।"

सेवा = जिम्मेदारी
फल = अधिकार

जैसा कर्म, वैसा फल।

अधिकार सेवा का परिणाम है, न कि माँग का।

अधिकार और जिम्मेदारी का प्राकृतिक संतुलन

यदि किसी व्यक्ति को
अधिकार ज़्यादा और जिम्मेदारी कम मिल जाए
→ वह अहंकारी, आलसी, अनियंत्रित, असंतुलित बन जाता है

यदि किसी व्यक्ति को
जिम्मेदारी ज़्यादा और अधिकार कम मिल जाए
→ वह थक जाता है, टूट जाता है

आदर्श स्थिति:

जहाँ जिम्मेदारी दोनों हाथों से ली जाए
और अधिकार दोनों हाथों से आएं।

जिम्मेदारी = बीज
अधिकार = फल
बीज बोए बिना फल की उम्मीद
अज्ञान है।

अधिकार अपने आप आने के 10 सिद्धांत

1. अपने काम का स्वामित्व लें

Ownership = Authority magnet

2. शिकायत मत करें

Responsibility → Language of growth
Complaint → Language of weakness

3. समय और वचन निभाएँ

Consistency → Respect
Respect = Authority

4. दूसरों को अपना सर्वश्रेष्ठ दें

Service → Attraction of opportunities

5. कठिन कार्य पहले करें

Courage → Authority

6. ईमानदारी से जीएं

Integrity → Trust
Trust = सबसे बड़ा अधिकार

7. अपने अहंकार को पीछे रखें

Ego kills authority

8. कर्तव्य में पूर्णता लाएँ

Excellence = Influence
Influence = Natural authority

9. जिम्मेदार निर्णय लें

Decision → Leadership
Leadership → अधिकार

10. समाज में योगदान दें

Contribution = अधिकार का आधार

अधिकार उन्हीं को मिलता है जो समाज और जीवन की जिम्मेदारी उठाते हैं।

जीवन का उदाहरण — परिवार, कार्यस्थल और समाज

1. परिवार में

जो व्यक्ति जिम्मेदारी लेता है
→ उसे सम्मान मिलता है
→ उसे प्रेम मिलता है
→ उसकी बात सुनी जाती है
→ उसे निर्णय का अधिकार मिलता है

2. कार्यस्थल में

जो व्यक्ति जिम्मेदारी लेता है
→ उसे पद मिलता है
→ उसे नेतृत्व का अवसर मिलता है
→ उसे टीम का विश्वास मिलता है

3. समाज में

जो व्यक्ति दूसरों की भलाई की जिम्मेदारी लेता है
→ वही नेता बनता है
→ वही परिवर्तनकर्ता बनता है
→ वही सम्मानित होता है

अधिकार कभी "बल" से नहीं , "कर्तव्य" से आते हैं।

जिम्मेदारी मनुष्य को तीन स्तरों पर बदल देती है

1. आंतरिक स्तर (Inner Transformation)

- साहस
- धैर्य
- अनुशासन
- आत्म-सम्मान
- स्पष्टता

2. सामाजिक स्तर (Outer Contribution)

- विश्वास
- सम्मान
- प्रभाव
- नेतृत्व

3. आध्यात्मिक स्तर (Soul Expansion)

- अहंकार का क्षय
- समर्पण
- विनम्रता
- सेवा
- सच्चा धर्म

अधिकार इन परिवर्तनों का “**स्वाभाविक पुरस्कार**” है।

अंतिम सत्य — अधिकार कभी माँगने से नहीं

योग्यता से मिलते हैं

जीवन का सबसे गहरा नियम है:

“जिम्मेदारी निभाओ,
अधिकार आपका पीछा करेंगे।”

अधिकार खोजने मत जाओ
जिम्मेदारी को खोजो।

जिम्मेदारी को उठाओ
अधिकार खुद आकर कहेंगे:

“हम तुम्हारे योग्य हैं।”

आपका हर अधिकार
आपकी जिम्मेदारी का परिणाम है।

अगर आप जीवन में

- अधिक सम्मान
- अधिक प्रभाव
- अधिक अवसर
- अधिक सफलता
- अधिक नेतृत्व

चाहते हैं

तो एक ही मार्ग है:

जिम्मेदारी अपनाओ
बाकी सब अपने आप आ जाएगा

अध्याय – 17

कर्म - परिणाम का स्वामित्व

अपने कर्म और फल को स्वीकारने की परिपक्वता

स्वामित्वः परिपक्वता का सबसे ऊँचा रूप

मानव जीवन में सबसे बड़ी छलाँग तब होती है
जब व्यक्ति यह कहना सीख लेता है

**"मेरे जीवन में जो भी घट रहा है,
उसका जिम्मेदार मैं हूँ।"**

यह वाक्य सरल है, लेकिन यह पूरी चेतना को बदल देता है।

इसके विपरीत, दुनिया के अधिकांश लोग कहते हैं:

- "गलती मेरी नहीं, हालात की है।"
- "फल खराब आया क्योंकि लोग गलत थे।"
- "परिणाम इसलिए ऐसा है क्योंकि परिस्थितियाँ सही नहीं थीं।"
- "असफल हुआ क्योंकि किस्मत खराब थी।"

परिपक्वता का सार है ,स्वामित्व (Ownership)

स्वामित्व का मतलब

- अपनी गलतियों को स्वीकारना
- अपने निर्णयों का भार उठानाअपने कर्म के परिणामों को स्वीकारना
- जीवन की दिशा के लिए बाहरी दुनिया को दोष न देना
- जिम्मेदारी से भागना नहीं, उसे अपनाना

स्वामित्व = शक्ति
स्वामित्व = स्वतंत्रता
स्वामित्व = आत्म-विकास का आधार
स्वामित्व = जीवन-नियंत्रण की कुंजी

यह अध्याय बताएगा:

- स्वामित्व क्या है?
- कर्म व परिणाम का संबंध
- परिणाम से न भागना क्यों महत्वपूर्ण है?
- कैसे स्वामित्व व्यक्ति को महान बनाता है?
- संघर्ष, असफलता और अंधकार से उठाने वाली शक्ति स्वामित्व कैसे बनती है?
- परिणाम-स्वीकृति जीवन को कैसे हल्का करती है?

और अंत में

कर्मयोग में स्वामित्व का अर्थ:
"मेरे कर्म से मेरा जीवन निर्मित है।"

यह अध्याय आपकी पुस्तक का एक केंद्रीय स्तंभ बनेगा।

कर्म-परिणाम का स्वामित्व क्या है?

कर्म-परिणाम का स्वामित्व का अर्थ:

"मैं अपने कर्म का स्वामी हूँ।
और इसलिए उसके परिणाम का भी स्वामी हूँ।"

स्वामित्व = Ownership
Ownership = Responsibility
Responsibility = Freedom

स्वामित्व का अर्थ है:

- गलत हुआ → मेरी जिम्मेदारी
- सही हुआ → मेरा प्रयास
- विफलता → मेरी सीख
- सफलता → मेरी साधना
- परिणाम → मेरे कर्म का प्रतिफल

ईमानदारी और सत्य का यह मिला-जुला रूप
व्यक्ति को भीतर से अजेय बना देता है।

स्वामित्व के बिना व्यक्ति परिपक्व नहीं हो सकता

परिपक्वता का अर्थ उम्र नहीं

जीवन-दृष्टि है।

जैसे बच्चे करते हैं:

- दोष दूसरों पर डालना
- परिणाम से डरना
- गलती छिपाना
- कार्य टालना
- स्वामित्व व्यक्ति को "बालक" से "मानव" बनाता है।

जब व्यक्ति कहता है:

"हाँ, यह मेरी गलती थी।"

यह उसके विकास की शुरुआत है।

जब वह कहता है:

"परिणाम जैसा भी आया, मैं स्वीकार करता हूँ।"

यह उसकी आंतरिक शक्ति का संकेत है।

और जब वह कहता है:

"मैं सीखूँगा और सुधारूँगा।"

यह उसकी महत्ता का आधार बनता है।

गीता — "कर्म तुम्हारा है, फल तुम्हें ही स्वीकारना है"

कृष्ण स्पष्ट कहते हैं:

"कर्म तुम्हारा अधिकार है
लेकिन फल से भाग मत जाना।"

यह वाक्य दो अर्थ देता है:

1. **फल को मजबूरी से या दुःख से स्वीकारो नहीं**
2. **फल को बुद्धि और समत्व से स्वीकारो**

समत्व = फल आए जो भी, मन शांत रखो।

क्योंकि:

- जब फल अच्छा आए—अहंकार न बढ़े
- जब फल बुरा आए—निराशा न बढ़े

कृष्ण का संदेश:

"फल-त्याग करना है, फल-इंकार नहीं।"

अर्थ

फल से मोह मत रखो, लेकिन उसे स्वीकारने से मत भागो।

परिणाम से भागना दुख का कारण है

"जो व्यक्ति परिणाम से भागता है
वह अपने ही मन का शत्रु है।"

क्योंकि:

- परिणाम से भागना → भय जन्मता है
- भय → असत्य का मार्ग
- असत्य → दुःख

"जो है उसे स्वीकारना ही ध्यान है।"

स्वीकृति → शांति
स्वीकृति → जागरूकता
स्वीकृति → विकास

कर्म-परिणाम का नियम — परिणाम कभी गलत नहीं होता

प्रकृति का नियम है:

फल हमेशा सही होता है।
कर्म कभी गलत नहीं फल देता।

गलत समझ केवल हमारे मन की होती है।

उदाहरण:

- यदि मेहनत सही दिशा में हो
  → परिणाम सुंदर आता है
- यदि दिशा गलत हो
  → परिणाम टेढ़ा आता है
- यदि काम अधूरा हो
  → परिणाम भी अधूरा

परिणाम हमारा शिक्षक है।

परिणाम वह दर्पण है

जो हमारे कर्म का वास्तविक रूप दिखाता है।

परिणाम कभी दुश्मन नहीं
परिणाम सबसे बड़ा गुरु है।

क्यों लोग परिणाम का स्वामित्व नहीं लेना चाहते?

क्योंकि:

1. **अहंकार टूटने का डर**
   "अगर माँ लूँ, तो मानना पड़ेगा कि मैं गलत था।"
2. **दूसरों के सामने छोटा दिखने का भय**
   "लोग क्या कहेंगे?"
3. **असफलता का डर**
   "मैं अपनी ही नज़रों में गिर जाऊँगा।"

4. आसान रास्ता चुनने की प्रवृत्ति

दोष देना आसान है,
कारण बनना कठिन।

5. आत्म-स्वीकृति की कमी

"मैं अपने भीतर नहीं देखना चाहता।"

6. बचपन के संस्कार

लोगों को सिखाया जाता है
परिणाम खराब हो तो किसी को दोष दो।

7. जिम्मेदारी उठाने की क्षमता का अभाव

"मैं नहीं चाहता मुझे जवाब देना पड़े।"

परिणाम से भागना हमेशा आसान लगता है,
लेकिन जीवन में सबसे बड़ा नुकसान यही देता है।

8. स्वामित्व व्यक्ति को स्वतंत्र बनाता है

यह विरोधाभास जैसा लगता है लेकिन सत्य है:

स्वामित्व जितना बड़ा,
स्वतंत्रता उतनी बड़ी।

स्वामित्व =

- डर कम
- निर्णय क्षमता बढ़
- आत्मविश्वास बढ़
- विनम्रता बढ़
- सत्य बढ़
- बुद्धि बढ़

क्योंकि जो अपना जीवन स्वीकारता है
उसे जीवन से डर नहीं लगता।

स्वामित्व =

जीवन का नियंत्रण वापस लेना।

स्वामित्व और कर्तव्य — दोनों का गहरा संबंध

कर्तव्य का अर्थ है
कर्म का स्वामित्व लेना।

कर्तव्य = Ownership of Action
Ownership = Strength
Strength = Growth

जैसे

- माता-पिता अपने बच्चे की जिम्मेदारी लेते हैं
  → इसलिए बच्चे उन पर अधिकार मानते हैं
- अच्छा नेता अपनी टीम के अच्छे-बुरे परिणाम का स्वामित्व लेता है
  → इसलिए लोग उसे मानते हैं
- सच्चा आध्यात्मिक व्यक्ति अपने मन, भावनाओं और कर्मों का स्वामित्व लेता है
  → इसलिए वह शांत होता है

कर्तव्य स्वामित्व को जन्म देता है।

कर्म-परिणाम स्वामित्व के 5 स्तर

स्वामित्व पाँच चरणों में विकसित होता है:

1. **बाहरी स्तर**
   अपने काम का मालिक बनना
   (गलती मानना, बहाना न बनाना)
2. **मानसिक स्तर**
   अपने विचारों का स्वामित्व
   (हमेशा नकारात्मकता को दोष न देना)
3. **भावनात्मक स्तर**
   भावनाओं की जिम्मेदारी
   ("तुमने मुझे क्रोधित किया" की जगह
   "मैं क्रोधित हुआ" कहना)
4. **संबंध स्तर**
   रिश्ते में अपनी भूमिका का स्वीकृति
   (दूसरे को दोष देना आसान है)
5. **आध्यात्मिक स्तर**
   जीवन के उत्थान-पतन को
   साक्षी भाव से स्वीकारना

इन पाँच स्तरों का विकास
व्यक्ति को महानता की ओर ले जाता है।

स्वामित्व और सीख — हर परिणाम संदेश लेकर आता है

जब आप परिणाम का स्वामित्व लेते हैं तो आप सीख पाते हैं:

- यह कहाँ गलत हुआ?
- मुझे क्या सुधारना है?
- अगली बार इसे कैसे बेहतर बनाऊँ?
- क्या मेरी दिशा सही है?
- क्या मेरा कर्म सही था?
- क्या मेरा भाव शुद्ध था?

परिणाम से भागने वाले लोग
कभी नहीं सीखते।
और इसलिए वही गलतियाँ
बार-बार दोहराते हैं।

स्वामित्व न लेने के विनाशकारी प्रभाव

जब व्यक्ति स्वामित्व नहीं लेता,
तब वह:

- दूसरों को दोष देता है
- परिस्थितियों से लड़ता है
- खुद से नाराज़ रहता है
- रिश्ते खराब करता है
- असुरक्षित महसूस करता है
- जीवन में फँसा रहता है
- आत्मविश्वास खो देता है
- अवसर गँवा देता है

स्वामित्व की कमी
व्यक्ति को भीतर से खोखला बना देती है।

स्वामित्व का आध्यात्मिक स्वरूप — "मैं कारण हूँ"

आध्यात्मिक सत्य:

"जहाँ आप कारण बनते हैं, वहीं आप स्वतंत्र होते हैं।"

कारण = Creator
Creator = शक्ति
शक्ति = चेतना
चेतना = स्वतंत्रता

जहाँ आप कारण नहीं
वहां आप प्रतिक्रियात्मक हैं।
वहां आप दास हैं।

स्वामित्व व्यक्ति को "कर्मयोगी" बनाता है।

स्वामित्व के 10 व्यावहारिक अभ्यास

1. **दिन के अंत में स्वयं से पूछें**
   "आज क्या-क्या मैंने चुना?"
2. **बहाना बनाते समय रुकें**
   और सीधा सच स्वीकारें।
3. **गलती होने पर तुरंत कहें:**
   "हाँ, यह मेरी गलती थी।"
4. **किसी को दोष देने से पहले**
   अपना हिस्सा देखें।
5. **हर परिणाम को संदेश मानें**
   (परिणाम = शिक्षक)
6. **प्रतिक्रिया नहीं, जागरूक प्रतिक्रिया दें**
7. **निर्णय स्वयं लें**
   और परिणाम का स्वागत करें।
8. **भावनाओं को दूसरों पर मत डालें**
9. **कर्ज, रिश्ता, काम**
   सबका स्पष्ट रिकॉर्ड रखें।
10. **अपने विकास का हर कदम लिखें**
    स्वामित्व की शक्ति बढ़ेगी।

जब व्यक्ति स्वामित्व लेता है

जीवन तीन स्तरों पर बदलता है

1. बाहरी स्तर

समस्याएँ कम हो जाती हैं।
काम बेहतर होता है।
संबंध परिपक्व होते हैं।
लोग सम्मान करते हैं।

2. मानसिक स्तर

भीतर clarity, strength और discipline आता है।

3. आध्यात्मिक स्तर

मन शांत हो जाता है।
समत्व बढ़ता है।
अहंकार गिरता है।
चेतना उठती है।

स्वामित्व आत्मा की शक्ति को जगाता है।

अंतिम सूत्र

"अपने कर्म का स्वामी बनो।"

यह अध्याय एक सूत्र पर समाप्त होता है:

"जो परिणाम का स्वामी बनता है
वह जीवन का स्वामी बनता है।"

क्यों?

क्योंकि:

परिणाम स्वीकृति → मन हल्का

सीख स्वीकारना → विकास

जिम्मेदारी → शक्ति

सत्य → स्वतंत्रता

कर्म का स्वामी → नियति का स्वामी

जीवन आपके साथ घट नहीं रहा
जीवन आपके कर्म की प्रतिक्रिया दे रहा है।

स्वामित्व जीवन का अंतिम परिपक्वता-पत्र है।
जो इसे स्वीकारता है
वह भीतर से अजेय बन जाता है।

अध्याय – 18

अहं और कर्तव्य का संघर्ष

अहंकार कर्तव्य से क्यों डरता है?

दो शक्ति-केन्द्र: अहं और कर्तव्य

मानव मन के भीतर दो शक्तियाँ हमेशा टकराती हैं
अहंकार और **कर्तव्य**।

- कर्तव्य सत्य की आवाज़ है।
  अहंकार चाहत की आवाज़ है।
- कर्तव्य अंदर से उठता है।
  अहंकार बाहर से आता है।
- कर्तव्य हमें ऊँचा उठाता है।
  अहंकार हमें गिराता है।

और सबसे बड़ा सत्य
अहंकार को कर्तव्य से सबसे ज़्यादा डर लगता है।

क्यों?

क्योंकि

कर्तव्य अहंकार की सबसे घातक शत्रु है।
कर्तव्य वह प्रकाश है जो अहंकार का अंधकार खोल देता है।
कर्तव्य वह दर्पण है जिसमें अहंकार का वास्तविक चेहरा दिखता है।
कर्तव्य वह अग्नि है जो अहंकार को जलाने लगती है।

यह अध्याय गहराई से समझेगा

- अहंकार क्या है?
- कर्तव्य क्या है?
- अहंकार कर्तव्य से क्यों डरता है?
- दोनों के बीच लगातार संघर्ष क्यों होता है?
- मनोवैज्ञानिक, दार्शनिक और आध्यात्मिक दृष्टि से यह संघर्ष कैसे चलता है?

और अंत में
कर्तव्य जीतता कैसे है और अहंकार हारता कैसे है?

अहंकार क्या है? — मन का झूठा 'मैं'

अहंकार कोई पाप नहीं,
अहंकार एक भ्रम है।

अहंकार = मन द्वारा गढ़ा हुआ झूठा "स्व"
जो खुद को वास्तविक समझने लगता है।

अहंकार के प्रमुख रूप:

- "मुझे सम्मान चाहिए।"
- "मुझे कौन टोक सकता है?"
- "लोग मुझे पहचानें।"
- "मेरी इच्छा महत्वपूर्ण है।"
- "मुझे लाभ होना चाहिए।"
- "मुझे कौन रोक सकता है?"
- "मैं सही हूँ, बाकी गलत।"

अहंकार का जीवन तीन शब्दों में सिमट गया है

"मैं, मेरा, मुझे।"

यह झूठा "मैं" ही दुखों, संघर्षों और पीड़ाओं का मूल है।

कर्तव्य क्या है? — आत्मा का सत्य

कर्तव्य अहंकार का उल्टा है।

कर्तव्य = वह काम
जो आप इस दुनिया में करने आए हैं।
कर्तव्य = स्वधर्म की आवाज़।
कर्तव्य = सत्य का मार्ग।
कर्तव्य = सेवा, निष्ठा और सृजन का आधार।

कर्तव्य हमेशा कहता है

- "यह सही है।
  इसे करो।"
- "यह तुम्हारी जिम्मेदारी है।"
- "यह तुम्हारा मार्ग है।"
- "यह तुम्हारी आत्मा की पुकार है।"

कर्तव्य का स्वर कोमल है
लेकिन शक्तिशाली है।

अहंकार का स्वर तेज़ है
लेकिन कमजोर है।

अहंकार कर्तव्य से क्यों डरता है? — पाँच गहरे कारण

अहंकार का डर वास्तविक नहीं,
अहंकार का अस्तित्व ही इस डर पर टिकता है।

अहंकार कर्तव्य से इसलिए डरता है:

कारण 1: कर्तव्य में "मैं" समाप्त हो जाता है

कर्तव्य का पहला नियम

कर्म करो → 'मैं' हटाओ।

जब 'मैं' हटता है
→ अहंकार समाप्त हो जाता है।

अहंकार का पूरा अस्तित्व
"मैं" पर टिकता है।

कर्तव्य कहता है

**"यह तुम्हारे लिए नहीं,
यह सही के लिए करो।"**

अहंकार इस बात को सहन नहीं कर सकता।

कारण 2: कर्तव्य नियम मांगता है, अहंकार स्वतंत्रता चाहता है

कर्तव्य = अनुशासन
अहंकार = मनमानी

कर्तव्य कहता है:

- "समय पर उठो।"
- "ज़िम्मेदारी निभाओ।"
- "सत्य बोलो।"
- "सेवा करो।"

अहंकार कहता है:

- "जब मन करे तब।"
- "जैसा मन चाहे वैसा।"
- "मैं किसी के लिए क्यों करूँ?"

कर्तव्य की मांगें
अहंकार को असहज करती हैं।

कारण 3: कर्तव्य वास्तविकता दिखाता है

कर्तव्य एक दर्पण है।

कर्तव्य हमें दिखाता है

- कहाँ कमी है
- कहाँ आलस्य है
- कहाँ कमजोरी है
- कहाँ असत्य है
- कहाँ ज़िम्मेदारी नहीं ली

अहंकार सत्य से भागता है।
कर्तव्य सत्य को सामने लाता है।

अहंकार को सच्चाई से डर लगता है।
कर्तव्य सच्चाई को उजागर करता है।

इसलिए अहंकार कर्तव्य को दुश्मन समझता है।

कारण 4: कर्तव्य बड़ा दृष्टिकोण देता है,
अहंकार छोटा दृष्टिकोण रखता है

अहंकार का पैमाना छोटा है:

- मेरा लाभ
- मेरी इच्छा
- मेरी सुविधा
- मेरी पसंद

कर्तव्य का पैमाना बड़े स्तर पर है:

- समाज
- परिवार
- राष्ट्र
- आत्मा
- सत्य

कर्तव्य का विशाल दृष्टिकोण
अहंकार की छोटी दुनिया को तोड़ देता है।

कारण 5: कर्तव्य आत्मा को जागृत करता है

और जागृत आत्मा में अहंकार मर जाता है

कर्तव्य = आत्मा का प्रकाश
अहंकार = मन का अंधेरा

जब कर्तव्य सक्रिय होता है
→ चेतना बढ़ती है
→ आत्म-जागरूकता बढ़ती है
→ कर्तव्य-भाव बढ़ता है

और उसी क्षण
अहंकार कमजोर होता जाता है।

इसलिए अहंकार हर प्रयास करता है
कि हम कर्तव्य से दूर रहें।

अहंकार और कर्तव्य का संघर्ष कैसा होता है?

यह संघर्ष बाहरी नहीं
अंदर का है।

यह युद्ध—

- मन बनाम बुद्धि
- इच्छा बनाम सत्य
- सुविधा बनाम जिम्मेदारी
- भावनाएँ बनाम चेतना
- अहंकार बनाम आत्मा

का युद्ध है।

इस युद्ध में हर दिन
दो आवाजें उठती हैं:

कर्तव्य की आवाज़:

"यह सही है। इसे करो।"

अहंकार की आवाज़:

"क्यों करूँ? इससे मुझे क्या मिलेगा?"

जो आवाज़ आप चुनते हैं
वही आपका जीवन गढ़ती है।

अहंकार किस रूप में कर्तव्य का विरोध करता है?

अहंकार बहुत चालाक है।
वह सीधे विरोध नहीं करता
वह छिपकर करता है।

10 छिपे हुए रूप:

1. बहाने

"समय नहीं है।"
"थका हुआ हूँ।"
"बाद में करूँगा।"

2. तुलना

"दूसरे क्यों नहीं कर रहे?"

3. असंतोष

"मुझे ही क्यों करना पड़े?"

4. क्रोध

"मुझे मत बताओ कि क्या सही है।"

5. आलस्य

"कल कर लूँगा।"

6. भ्रम

"मुझे पता नहीं क्या सही है।"
(जबकि उसे पता होता है।)

7. पीड़ित मानसिकता

"मेरे साथ ही ऐसा क्यों होता है?"

8. अहंकार का अभिमान

"मैं इससे बड़ा हूँ, यह मेरे स्तर से नीचे।"

9. चिंता

"अगर गलत हो गया तो?"

10. जिम्मेदारी से भागना

"किसी और को करने दो।"

ये सभी रूप अहंकार को बचाने के लिए हैं।
कर्तव्य इन सभी को तोड़ देता है।

मनोवैज्ञानिक दृष्टि अहंकार सुविधा चाहता है, कर्तव्य विकास

अहंकार की मनोविज्ञान:

- आसानी
- तात्कालिक सुख
- प्रशंसा
- आराम
- नियंत्रण
- इच्छाएँ

कर्तव्य की मनोविज्ञान:

- विकास
- आत्म-सुधार
- स्थिरता
- सेवा
- अनुशासन
- प्रभुत्व (Self-mastery)

अहंकार तत्काल सुख चाहता है।
कर्तव्य दीर्घकालिक मजबूती देता है।

अहंकार कहता है: **"जो आसान है वही सही है।"**

कर्तव्य कहता है:

**"जो सही है वही आसान हो जाता है
जब तुम उसे अपनाते हो।"**

आध्यात्मिक दृष्टि — आत्मा कर्तव्य की ओर खिंचती है, मन अहंकार की ओर

मन = अहंकार
आत्मा = कर्तव्य

मन चिंता से चलता है।
आत्मा विश्वास से।

मन लक्ष्य चाहता है।
आत्मा मार्ग।

मन परिणाम चाहता है।
आत्मा कर्तव्य।

मन बंद करना चाहता है।
आत्मा देना।

मन सीमित है।
आत्मा असीम है।

जब व्यक्ति आत्मा की आवाज़ सुनता है
कर्तव्य उसकी दिशा बन जाता है।

क्यों कर्तव्य ही अहंकार का अंत है?

अहंकार का अस्तित्व
"मुझे क्या मिलेगा?"
इस पर टिका है।

कर्तव्य का अस्तित्व
"क्या सही है?"
इस पर टिका है।

जब आप "सही" को चुनते हैं
अहंकार टूट जाता है।

अहंकार मरता नहीं,
वह कर्तव्य में पिघल जाता है।

कर्तव्य एक अग्नि है
जो अहंकार को राख बना देती है।

जब कर्तव्य जीतता है — 10 अद्भुत परिवर्तन

1. जीवन में स्पष्टता आती है
क्योंकि आप जानते हैं क्या करना है।

2. मन शांत होता है
कर्तव्य = समर्पण = शांति

3. आत्म-सम्मान बढ़ता है
कर्तव्य निभाने वाला स्वयं का सम्मान करता है।

4. आत्मविश्वास बढ़ता है
कर्तव्य से शक्ति आती है।

5. संबंध सुधारते हैं
कर्तव्य = सेवा = प्रेम

6. नेतृत्व जगता है
कर्तव्यनिष्ठा → विश्वास → नेतृत्व

7. चरित्र मजबूत होता है
कर्तव्य से गुण विकसित होते हैं।

8. कर्म फलदायी होते हैं
कर्तव्य = सही दिशा → सही परिणाम

9. अहंकार की पकड़ कमजोर हो जाती है

10. आत्मा जागृत होती है
कर्तव्य = आत्म-प्रकाश

जीवन में कर्तव्य कैसे अपनाएँ? — 12 शक्तिशाली अभ्यास

1. प्रतिदिन अपने तीन कर्तव्य लिखें
मूल्य स्पष्ट हो जाते हैं।

2. कठिन कार्य पहले करें
अहंकार का टूटना शुरू होता है।

3. अपने वचन का पालन करें
वचन → सत्य
सत्य → कर्तव्य

4. जिम्मेदारी से मत भागें
जिम्मेदारी → विकास

5. बहाने पहचानें
अहंकार वहीं छिपता है।

6. अपने से बड़े उद्देश्य से जुड़ें

7. अपना "स्वयं का धर्म" पहचानें
स्वधर्म → कर्तव्य → शक्ति

8. फल की चिंता छोड़ें
समर्पित कर्म करें

9. तात्कालिक सुख से बचें

10. दूसरों की भलाई का काम करें

11. नियमित आत्म-समीक्षा करें

कर्तव्य की दिशा स्पष्ट होती है।

12. स्वयं से यह वाक्य कहें

मैं कर्तव्य का साधक हूँ, अहंकार का नहीं।

कर्तव्य जीतता है, क्योंकि कर्तव्य सच्चा है

अहंकार असत्य है।
कर्तव्य सत्य है।

अहंकार सीमित है।
कर्तव्य अनंत है।

अहंकार डर है।
कर्तव्य साहस है।

अहंकार अंधकार है।
कर्तव्य प्रकाश है।

सत्य की इस दुनिया में
अंत में हमेशा कर्तव्य ही जीतता है।

कर्तव्य वह मार्ग है
जिस पर चलकर मनुष्य
अहंकार से मुक्त होकर
अपने वास्तविक स्वरूप तक पहुँचता है।

अहंकार से मुक्त
→ आत्मा जागृत
→ मन शांत
→ कर्म पवित्र
→ जीवन सार्थक

यह अध्याय कहता है

कर्तव्य चुनो।
अहंकार पिघल जाएगा।
और तुम्हारा सत्य खिल उठेगा।

अध्याय – 19

नेतृत्व का धर्म

सच्चा नेतृत्व—सेवा और सत्य पर आधारित

नेतृत्व पद नहीं, व्यक्तित्व की परिपक्वता है

आज दुनिया नेतृत्व को "पद" मानती है।

- नेता = बड़ा पद
- नेता = ऊँचा दर्जा
- नेता = निर्णय लेने की शक्ति
- नेता = प्रतिष्ठा
- नेता = नियंत्रण

लेकिन वास्तविक नेतृत्व इससे बिल्कुल अलग है।

सच्चा नेतृत्व:

- न पद से आता है,
- न कौशल से आता है,
- न अधिकार से आता है,
- न बाहरी सम्मान से आता है।

सच्चा नेतृत्व केवल एक चीज़ से जन्मता है

धर्म।

नेतृत्व का धर्म =

सेवा + सत्य + जिम्मेदारी + चरित्र + त्याग + करुणा + साहस का एकीकृत स्वरूप।

यह अध्याय बताएगा

- नेता कौन?
- नेतृत्व का वास्तविक अर्थ क्या है?
- नेतृत्व का धर्म कैसे जन्मता है?
- क्यों सेवा-आधारित नेतृत्व सबसे शक्तिशाली है?
- सत्य, साहस, करुणा, निष्ठा—इसका आधार क्यों हैं?
- सच्चा नेतृत्व कैसे पैदा होता है?

और अंत में

नेतृत्व का धर्म क्या है
और यह क्यों मानव जीवन का सर्वोच्च कर्तव्य है ?

यह अध्याय नेतृत्व को नए स्तर पर परिभाषित करेगा।

नेतृत्व क्या है? — मानवता की जिम्मेदारी उठाने की क्षमता

नेतृत्व =

- दूसरों के लिए मार्ग बनाना।
- दूसरों की भलाई का भार अपने कंधे पर लेना।
- अपनी सफलता से ज्यादा, दूसरों की सफलता में योगदान देना।
- जिम्मेदारी और सेवा का संगम।

नेतृत्व यह नहीं कि

- मैं आगे हूँ
- मैं श्रेष्ठ हूँ
- मैं बड़ा हूँ

बल्कि नेतृत्व यह है

"मैं वहाँ जाता हूँ जहाँ दूसरों के लिए रास्ता सुरक्षित, स्पष्ट और प्रेरणादायक हो।"

नेता वह नहीं जो आगे खड़ा हो,
नेता वह है जो दूसरों को आगे खड़ा कर दे।

नेतृत्व का धर्म क्या है? — सच्चे नेतृत्व के पाँच आधार

नेतृत्व का धर्म पाँच स्तंभों पर खड़ा है

1. **सेवा (Service)**

   नेता का पहला गुण
   दूसरों के हित को अपना पहला हित बनाना।

2. **सत्य (Truth)**

   सच्चा नेता कभी असत्य के आधार पर निर्णय नहीं लेता।

3. **साहस (Courage)**

   सत्य बोलने और कठिन निर्णय लेने का साहस।

4. **चरित्र (Integrity)**

   नेता वही करता है जो बोलता है।
   चरित्र = नेतृत्व का असली दर्जा।

5. करुणा (Compassion)

दूसरों के दिल की धड़कन महसूस करना।

इन पाँचों का संतुलन
नेतृत्व को "धर्म" का स्वरूप देता है।

नेतृत्व और कर्तव्य — क्यों दोनों एक ही मार्ग हैं?

नेतृत्व का सार यही है:

जिसने कर्तव्य को अपनाया,
वह स्वतः नेता बन जाता है।

क्यों?

क्योंकि:

- कर्तव्य = जिम्मेदारी
- जिम्मेदारी = विश्वास
- विश्वास = प्रभाव
- प्रभाव = नेतृत्व

जो व्यक्ति कर्तव्यनिष्ठ है,
उसका चरित्र दूसरों को खींचता है।

नेतृत्व पद से नहीं,

कर्तव्य से मिलता है।

नेता कौन होता है? — 10 स्पष्ट लक्षण

सच्चे नेता के 10 मूल गुण:

1. वह सत्य से नहीं डरता

सत्य उसका आधार है।

2. वह कठिन कार्य पहले करता है

3. वह दूसरों की सफलता में भागीदार होता है

न कि ईर्ष्यालु या भयभीत।

4. वह विरोध नहीं,

दिशा देने की ताकत रखता है

5. वह अपने कर्मों का स्वामित्व लेता है

बहाने नहीं बनाता।

6. उसे पद की नहीं, सेवा की भूख होती है

7. वह समाधानों पर ध्यान देता है,
समस्याओं पर नहीं

8. वह सीखने को हमेशा तैयार रहता है

9. वह दूसरों को उभारता है,
उन्हें दबाता नहीं

10. वह अपने मूल्यों पर चलता है
इन गुणों वाला व्यक्ति
नेता कहलाता है।

नेतृत्व में सेवा क्यों अनिवार्य है?

क्योंकि नेतृत्व दो चीज़ों पर खड़ा होता है

- विश्वास
- सम्मान

और ये दोनों सेवा से मिलते हैं।

अगर नेता सेवा-भाव नहीं रखता
→ लोग प्रेरित नहीं होंगे
→ लोग उसके लिए नहीं, उससे डरकर काम करेंगे
→ टीम टूट जाएगी
→ परिवार बिखर जाएगा
→ समाज उसे नकार देगा

सेवा =
"तुम मेरे लिए नहीं,
मैं तुम्हारे लिए हूँ।"
यह भाव नेतृत्व की जड़ में होता है।

नेतृत्व में सत्य क्यों ज़रूरी है?

क्योंकि सत्य वह प्रकाश है
जिससे नेता का मार्ग स्पष्ट होता है।

असत्य नेता को तीन नुकसान देता है:

1. भ्रम
गलत निर्णय।

2. अविश्वास

लोग नेता पर भरोसा नहीं करते।

3. अव्यवस्था

टीम में अस्थिरता और अनिश्चितता।

सत्य = स्थिरता
सत्य = स्पष्टता
सत्य = धैर्य
सत्य = शक्ति

नेतृत्व सत्य के बिना
केवल सत्ता बन जाता है।

नेतृत्व और साहस — सबसे महत्वपूर्ण आधार

नेतृत्व = कठिन निर्णय लेना।

एक नेता:

- अनिश्चितता से लड़ता है
- असफलता से नहीं डरता
- आलोचना सहता है
- गलतियों का स्वामित्व लेता है
- जोखिम उठाता है

कठिन निर्णय वही ले सकता है
जो भीतर से साहसी हो।

नेतृत्व का धर्म साहस से ही पूरा होता है।

नेतृत्व और चरित्र — बिना चरित्र का नेता विनाश करता है

अच्छा नेता:

- वचन निभाता है
- स्वार्थ नहीं रखता
- सत्य के लिए खड़ा होता है
- गलत को स्वीकारता है
- दया रखता है
- ईमानदारी से जीता है

बिना चरित्र का नेता:

- असत्य बोलता है
- दूसरों का शोषण करता है
- स्वार्थ से निर्णय लेता है
- दूसरों पर दोष डालता है

यह समाज को नष्ट कर देता है।

चरित्र = नेतृत्व की "अंतःशक्ति"।

गीता — कृष्ण नेतृत्व को 'धर्म' क्यों कहते हैं?

कृष्ण कहते हैं:

> **"नेतृत्व का पहला धर्म है
> कर्तव्य और सत्य।"**

कृष्ण अर्जुन को नेतृत्व देते हैं क्योंकि:

- अर्जुन सेवा करता है
- सत्य के लिए लड़ता है
- स्वयं को जानना चाहता है
- अहंकार से नहीं, धर्म से चलता है
- उत्तरदायित्व से नहीं भागता

गीता में नेतृत्व बाहरी नहीं, **आंतरिक विकास** है।

नेतृत्व का अर्थ

"पहले स्वयं को बदलो, फिर दुनिया बदलो"

"जो स्वयं को जीत लेता है
वह दुनिया को जीत सकता है।"

- मन का अनुशासन
- भावनाओं का नियंत्रण
- अहंकार का त्याग
- करुणा का विकास
- सत्य का पालन
- सेवा की भावना

नेतृत्व शक्ति नहीं— संयम है।

नेतृत्व का धर्म — 12 मुख्य सिद्धांत

ये 12 सिद्धांत सच्चे नेतृत्व की नींव हैं

1. **सेवा भावना**
   नेतृत्व सेवा से शुरू होता है।
2. **सत्यनिष्ठा**
   बिना सत्य नेतृत्व संभव नहीं।
3. **स्वामित्व (Ownership)**
   अपनी गलतियों का जिम्मेदार बनना।
4. **साहस**
   कठिन निर्णय लेना।
5. **करुणा**
   दूसरों को समझना।
6. **धैर्य**
   नेतृत्व में जल्दबाज़ी नहीं चलती।
7. **विनम्रता**
   "मैं बड़ा हूँ" नहीं
   "मैं तुम्हारे साथ हूँ"।
8. **दूरदर्शिता (Vision)**
   नेता भविष्य देखता है।
9. **निरंतर सीखने की भावना**
   नेता हमेशा सीखता है।
10. **स्थिरता**
    भावनात्मक स्थिरता नेतृत्व का आधार है।
11. **अनुशासन**
    नेता का अनुशासन
    दूसरों को प्रेरित करता है।
12. **मूल्य-आधारित निर्णय**
    नेतृत्व मूल्य से चलता है,
    लाभ से नहीं।

नेता बनने के लिए 10 अभ्यास

यदि नेतृत्व धर्म है तो धर्म का अभ्यास भी है।

ये 10 अभ्यास नेतृत्व को पवित्र बनाते हैं

1. **स्वयं से प्रतिदिन पूछें—**
   "आज मैंने किसकी भलाई की?"
2. **हर निर्णय में सत्य देखें**
   लाभ नहीं—धर्म देखें।
3. **अपने अहंकार पर हाथ रखें**
   अहंकार नेतृत्व को नष्ट करता है।
4. **कठिनाई आने पर भागें नहीं**
   नेता वही है जो संकट में खड़ा होता है।
5. **अपनी टीम/परिवार/लोगों की सुनें**
   नेता सुनने से बड़ा बनता है।
6. **हर कार्य में नम्रता लाएँ**
7. **किसी का मन न दुखाएँ**
   यदि दुख जाए तो क्षमा माँगें
8. **नियमित आत्म-समीक्षा करें**
9. **दूसरों को बढ़ाएँ**
   उनमें आत्मविश्वास जगाएँ।
10. **प्रतिदिन 10 मिनट मौन बैठें**
    चेतना साफ होती है।

नेतृत्व का धर्म क्यों कठिन है?

क्योंकि नेतृत्व में

- आलोचना होती है
- अकेलापन आता है
- निर्णय भारी होते हैं
- त्वरित परिणाम नहीं मिलते
- गलतियाँ अधिक दिखाई देती हैं
- जिम्मेदारी विशाल होती है

लेकिन इन कठिनाइयों से ही
नेता का निर्माण होता है।

"आसान से नेतृत्व नहीं बनता।
कठिनाई नेता बनाती है।"

नेतृत्व का वास्तविक पुरस्कार क्या है?

नेतृत्व का पुरस्कार:

- पद नहीं
- सम्मान नहीं
- पैसा नहीं
- नियंत्रण नहीं

नेतृत्व का वास्तविक पुरस्कार है:

मन की पूर्णता
और आत्मा की संतुष्टि।

जब कोई व्यक्ति
सत्य के आधार पर
दूसरों की भलाई करता है

तो ब्रह्मांड उसके लिए
पथ स्वयं खोल देता है।

नेतृत्व सेवा है

और सेवा धर्म है

सच्चे नेतृत्व का सार:

- सत्य → रास्ता
- सेवा → यात्रा
- साहस → कदम
- करुणा → ऊर्जा
- चरित्र → नींव
- जिम्मेदारी → दिशा
- स्वधर्म → उद्देश्य

नेतृत्व का धर्म कहता है

नेतृत्व अधिकार नहीं, कर्तव्य है।
श्रेष्ठता नहीं, सेवा है।
पद नहीं, पवित्रता है।
लाभ नहीं, दयालुता है।
कर्म नहीं, योग है।

नेतृत्व का धर्म
मनुष्य को उस अवस्था में ले जाता है
जहाँ वह अपने से ऊपर उठकर
दूसरों के लिए प्रकाश बन जाता है।

सच्चा नेता
ईश्वर की इच्छाओं का साधन बन जाता है।

अध्याय – 20

कर्म और संबंध

रिश्तों में कर्तव्य का महत्व

संबंध प्रेम से बनते हैं, कर्तव्य से टिकते हैं

दुनिया में सबसे सुंदर चीज़ है — **संबंध**।
और सबसे संवेदनशील चीज़ भी — **संबंध**।

- संबंध प्रेम से शुरू होते हैं।
- ध्यान से बढ़ते हैं।
- विश्वास से मजबूत होते हैं।
- लेकिन **कर्तव्य** से टिकते हैं।

कर्तव्य का अर्थ है
दूसरे के प्रति वह जिम्मेदारी
जो हमारा स्थान, भूमिका और प्रेम हमसे मांगता है।

माता-पिता का कर्तव्य,
संतान का कर्तव्य,
पति-पत्नी का कर्तव्य,
मित्र का कर्तव्य,
समाज का कर्तव्य,
और अंत में
स्वयं के प्रति कर्तव्य।

रिश्ते केवल "भावना" पर नहीं बने रहते।
रिश्ते "कर्म" पर टिके रहते हैं।

यदि भावनाएँ स्थायी होतीं
तो दुनिया में कोई टूटन न होती।
टूटन इसलिए होती है क्योंकि भावनाएँ बदल जाती हैं,
पर लोगों ने संबंधों में
कर्तव्य निभाना सीख ही नहीं पाया।

इस अध्याय में हम समझेंगे

- संबंध और कर्म का गहरा संबंध
- क्यों कर्तव्य रिश्तों की नींव है
- क्यों प्रेम बिना जिम्मेदारी के खोखला हो जाता है
- विभिन्न संबंधों में कर्तव्य क्या है
- मनोवैज्ञानिक और आध्यात्मिक दृष्टि से कर्तव्य का महत्व
- संबंध कैसे खिलते हैं?
- कर्तव्य कैसे विश्वास, सम्मान और प्रेम को स्थायी बनाता है?

और अंत में
कर्तव्य कैसे रिश्तों का आध्यात्मिक आधार है?

संबंध क्या है?

दो आत्माओं का जिम्मेदारी-आधारित तंत्र

संबंध =
भावना + विश्वास + जिम्मेदारी + महत्व + सुरक्षा।

अगर इनमें से एक भी तत्व टूट जाए
→ संबंध डगमगा जाता है।

संबंध का वास्तविक आधार केवल प्रेम नहीं
लंबे समय तक निभाया गया प्रेम = कर्तव्य।

रिश्ता वह जगह है जहाँ हम यह सीखते हैं

- देना
- सहना
- समझना
- स्वीकारना
- माफ़ करना
- सहयोग करना

और साथ चलना
ये सभी कर्तव्य से जन्मते हैं।

कर्म और संबंध — दोनों एक-दूसरे को कैसे गढ़ते हैं?

कर्म = हमारे कार्य
संबंध = हमारे कार्यों का दर्पण

संबंध हमारे कर्मों से बनते हैं

- अच्छे कर्म → विश्वास
- अनुशासनपूर्ण कर्म → स्थिरता
- सच्चे कर्म → सम्मान
- प्रेममय कर्म → निकटता
- धैर्यपूर्ण कर्म → समर्पण

इसी तरह

- ग़लत कर्म → दूरी
- कठोर कर्म → दर्द
- प्रतिक्रियात्मक कर्म → टूटन
- अपेक्षा-आधारित कर्म → तनाव
- उपेक्षा → बिखराव

इसलिए कहा गया है:

"रिश्ते कर्मों से चलते हैं,
वचन बहुत कम काम आते हैं।"

क्यों कर्तव्य रिश्तों की नींव है? — पाँच कारण

क्योंकि कर्तव्य

1. स्थिरता देता है

भावनाएँ बदलती हैं,
लेकिन कर्तव्य स्थिर रखता है।

2. भरोसा पैदा करता है

जब कोई अपना कर्तव्य निभाता है
→ विश्वास स्वतः जन्म लेता है।

3. अपेक्षा कम करता है

कर्तव्य करने वाला अपेक्षा नहीं रखता,
वह भूमिका निभाता है।

4. सहनशीलता बढ़ाता है

कर्तव्य हमें सम्बन्ध की दूरगामी दृष्टि देता है।

5. प्रेम को स्थायी बनाता है

कर्तव्य = Love in action
प्रेम = Love in feeling

भावना बदलती है लेकिन कर्म स्थायी होता है।

अहंकार और अपेक्षाएँ क्यों संबंध तोड़ते हैं?

रिश्तों के दो सबसे बड़े दोष

- अहंकार
- अपेक्षा

ये दोनों कर्तव्य के विपरीत चलते हैं।

अहंकार कहता है:

"तुम क्यों नहीं झुको?"
"हमेशा मैं ही क्यों?"
"मेरी बात क्यों नहीं मानी?"

कर्तव्य कहता है:

"मैं अपनी भूमिका निभाऊँगा।"
"मैं संबंध को निभाऊँगा।"
"मैं सही करूंगा, चाहे दूसरा गलत करे।"

अपेक्षा कहती है:

"तुम मेरे लिए क्या कर रहे हो?"

कर्तव्य कहता है:

"मैं तुम्हारे लिए क्या कर रहा हूँ?"

अहंकार और अपेक्षा संबंध को खींचते हैं।
कर्तव्य संबंध को जोड़ता है।

संबंधों में कर्तव्य—हर भूमिका का अपना धर्म

जीवन में हर संबंध के अपने कर्तव्य हैं।
हम इन्हें जितना समझते हैं
उतने ही हमारा जीवन सुगम होता जाता है।

1. माता-पिता का कर्तव्य

- संरक्षण
- मार्गदर्शन
- संयम
- प्रेम
- धैर्य
- अच्छे संस्कार

माता-पिता बच्चों को आकार देते हैं।
उनका कर्तव्य =
"दुनिया को अच्छे मनुष्य देना।"

2. बच्चों का कर्तव्य

- सम्मान देना
- आभार रखना
- सहयोग करना
- धैर्य रखना
- उनके त्याग को समझना

बच्चों का कर्तव्य =

**"उन हाथों को थामना
जिन्होंने बचपन में हमे थामा।"**

3. पति-पत्नी का कर्तव्य

- एक-दूसरे का सम्मान
- खुला संवाद
- संघर्ष में भी साथ
- सहयोग
- विश्वास
- भावनात्मक समर्थन
- निष्ठा

एक विवाह प्रेम पर टिक सकता है
लेकिन केवल कर्तव्य ही
उसे गहराई देता है।

4. मित्र का कर्तव्य

- सत्य कहना
- गलत को रोकना
- सही में साथ
- पीड़ा में सहारा
- सफलता में नम्रता
- विश्वास

मित्रता =
कर्तव्य + स्वतंत्रता + विश्वास।

5. समाज के प्रति कर्तव्य

- ईमानदारी
- कानून का पालन
- योगदान
- करुणा
- सहयोग

समाज का स्वास्थ्य
हमारे व्यक्तिगत कर्तव्यों पर ही निर्भर है।

6. स्वयं के प्रति कर्तव्य

यह सबसे महत्वपूर्ण है:

- अपने मन को साफ रखना
- शरीर की देखभाल
- भावनाओं को समझना
- सत्संग, ज्ञान और ध्यान
- आत्म-सम्मान
- आत्म-विकास

यदि व्यक्ति स्वयं के प्रति कर्तव्यहीन है
तो वह किसी संबंध में
कर्तव्य निभा ही नहीं सकता।

मनोवैज्ञानिक सत्य — कर्तव्य रिश्तों को स्थिर करता है

आधुनिक मनोविज्ञान कहता है:

> **"Relationships survive on consistency,**
> **not intensity."**

आशय:

रिश्ते तीव्र भावनाओं पर नहीं टिकते, वे टिकते हैं निरंतर कर्म पर।

कर्म = भरोसा
कर्म = स्थिरता
कर्म = सम्मान

कर्तव्य व्यक्ति को निरंतरता की ओर ले जाता है।
और यही निरंतरता
संबंधों को गहराई देती है।

आध्यात्मिक सत्य — कर्तव्य प्रेम का उच्चतम रूप है

प्रेम की दो अवस्थाएँ हैं:

- भावनात्मक प्रेम
- आध्यात्मिक प्रेम

भावनात्मक प्रेम अस्थायी है।
आध्यात्मिक प्रेम स्थायी है।

आध्यात्मिक प्रेम
कर्तव्य में बदल जाता है।

कर्तव्य = **प्रेम का जागरूक रूप।**

जब प्रेम जिम्मेदारी बन जाता है—
वह पवित्र, शांत और टिकाऊ बन जाता है।

कर्तव्य प्रेम को बहने लायक
नदी बना देता है।

क्यों कर्तव्य निभाना कठिन लगता है?

क्योंकि कर्तव्य:

- अनुशासन मांगता है
- धैर्य मांगता है
- अहंकार छोड़ने को कहता है
- स्वार्थ छोड़ने को कहता है
- देने को कहता है
- समझने को कहता है

कर्तव्य के मार्ग पर
स्वयं की छोटी पहचान छूट जाती है
और वही कठिन है।

लेकिन कठिनाई ही
कर्तव्य को महान बनाती है।

संबंधों में कर्तव्य निभाने से जीवन कैसे बदलता है?

दस गहरे परिवर्तन

1. विश्वास स्वतः आता है

क्योंकि भरोसा कर्म पर टिकता है।

2. झगड़े कम होते हैं
कर्तव्य में स्वार्थ नहीं होता।

3. प्रेम स्थिर होता है
कर्तव्य प्रेम को पवित्र करता है।

4. सम्मान बढ़ता है
कर्तव्यनिष्ठ लोग सम्मानित होते हैं।

5. संवाद बेहतर होता है
कर्तव्य व्यक्ति को विनम्र बनाता है।

6. भावनात्मक सुरक्षा बढ़ती है
कर्तव्य आश्वासन देता है।

7. संबंध गहरे होते हैं
कर्म से संबंध मजबूत होते हैं।

8. जीवन अर्थपूर्ण होता है
क्योंकि कर्तव्य आत्मा का मार्ग है।

9. संघर्षों में भी स्थिरता आती है
कर्तव्य सनातन है, भावनाएँ नहीं।

10. व्यक्ति आंतरिक रूप से परिपक्व होता है

रिश्तों में कर्तव्य के 12 व्यावहारिक अभ्यास

1. प्रतिदिन किसी एक व्यक्ति के लिए
एक छोटा निस्वार्थ कर्म करें।

2. जब गुस्सा आए,
कर्तव्य याद करें।

3. संवाद में सत्य और करुणा रखें।

4. अपेक्षा कम करें,
कर्तव्य बढ़ाएँ।

5. सुनना सीखें।

6. हर भूमिका के 3 कर्तव्य लिखें।

7. गलतियों को स्वीकारें।

8. समय और वचन निभाएँ।

9. छोटी चीज़ों का ध्यान रखें
(यही रिश्ते बनाते हैं)

10. रिश्तों में स्वार्थ न रखें
"मैं" के बजाय "हम" का दृष्टिकोण अपनाएँ।

11. कृतज्ञता का अभ्यास करें।

12. प्रेम को कर्म में बदलें
केवल भावना में नहीं।

संबंध कर्तव्य से पवित्र बनते हैं

संबंधों में:

- प्रेम बीज है
- विश्वास जड़ है
- समझ पानी है
- समय धूप है

और कर्तव्य वह मिट्टी है जो सबको सम्भाले रखती है।

कर्तव्य वह शक्ति है जो संबंधों को
स्वार्थ, अपेक्षा, क्रोध, दूरी, तनाव,
और अहंकार के तूफ़ानों से बचाती है।

सच्चा संबंध वही है
जिसमें दोनों लोग
एक-दूसरे के प्रति
अपने कर्तव्य को निभाते हैं।

कर्तव्य प्रेम को स्थायी बनाता है।
कर्तव्य सम्मान को गहरा बनाता है।
कर्तव्य रिश्तों को पवित्र बनाता है।

क्योंकि अंत में

संबंध भावना से नहीं,
कर्तव्य से चलते हैं।

अध्याय – 21

कार्य ही पूजा है इसका गहन अर्थ

कर्मयोग का दैनिक जीवन में रूपांतरण

जब कर्म प्रार्थना बन जाए

"कार्य पूजा है" का असली अर्थ क्या है?

क्या हर कार्य पूजा बन सकता है?

क्या साधारण कार्य भी ईश्वरीय बन सकते हैं?
क्या रोज़मर्रा का काम भी ध्यान बन सकता है?
कर्मयोग क्या है?
कर्मयोग से मन कैसे बदलता है?
कर्मयोग दैनिक जीवन में कैसे जिया जा सकता है?

इस अध्याय में हम इन्हीं गहरे प्रश्नों की यात्रा करेंगे।

कार्य ही पूजा है" — यह वाक्य इतना गहरा क्यों है?

क्योंकि इसमें तीन गहन अर्थ छिपे हैं

1. कार्य का सम्मान

प्रत्येक कार्य — चाहे छोटा, बड़ा, सरल या कठिन —
ईश्वर का कार्य है।
काम छोटा-बड़ा नहीं होता,
दृष्टि छोटी-बड़ी होती है।

2. कार्य का शुद्धिकरण

जब काम को पूजा माना जाता है,
तो काम पवित्र बन जाता है।
कर्म शुद्ध हो जाते हैं।
कर्मयोग का जन्म होता है।

3. कार्य का आध्यात्मिक रूपांतरण

काम केवल काम नहीं रहता
वह ध्यान बन जाता है।
वह आत्म-साधना बन जाता है।

यह सरल वाक्य
मनुष्य को "क्रिया से ध्यान"
और
"ध्यान से मुक्त" की ओर ले जाता है।

कर्मयोग क्या है? — कार्य + जागरूकता + समर्पण

कर्मयोग =

"कर्म को ईश्वर की ओर ले जाने वाला योग।"

कर्मयोग में तीन आधार हैं

1. समत्व (Equanimity)
फल अच्छा-बुरा आए — मन शांत।
यही गीता का सार है।
2. निस्वार्थता (Selflessness)
कार्य में 'मैं' कम,
कर्तव्य अधिक।
3. समर्पण (Surrender)
कर्म ईश्वर को अर्पण होना।
फल ईश्वर पर छोड़ देना।

कर्मयोग जीवन के हर क्षेत्र को
आध्यात्मिक पथ में बदल देता है।

कार्य पूजा कब बनता है? — तीन शर्तें

कोई भी काम
पूजा तभी बनता है जब उसमें

1. पूर्णता (Totality)
जब आप पूरे मन,
पूरी ऊर्जा
पूरे समर्पण के साथ
काम में उतर जाते हैं।
2. पवित्रता (Purity of intention)
निस्वार्थता, कर्तव्य, सत्य
इनके साथ किया गया काम
पूजा बन जाता है।
3. समर्पण (Dedication)
जब काम को ईश्वर को अर्पण किया जाता है।

यह तीनों मिल जाएँ,
तो कोई भी कार्य ईश्वरीय रूप ले लेता है।

क्यों कार्य पूजा है? — गीता का दृष्टिकोण

कृष्ण कहते हैं—
"योगः कर्मसु कौशलम्।"

योग है — कर्मों में कौशल,
कौशल है — जागरूकता।
जागरूकता है — पूजा का रूप।

गीता के अनुसार:

- कर्म पूजा है
- क्योंकि कर्म मन को शुद्ध करता है
- कर्म अहंकार को भेदता है
- कर्म जीवन को उद्देश्य देता है
- कर्म साधना बन जाता है

कृष्ण कहते हैं:

**"जो मनुष्य अपने कर्म को भगवान को अर्पित करता है,
उसका कर्म उसे बंधन नहीं देता।"**

कर्तव्य → समर्पण → मुक्ति
यही कर्मयोग का द्वार है।

काम छोटा-बड़ा नहीं — हर कार्य ईश्वर का है

जो कार्य जागरूकता से किया जाए
वह ध्यान है।

"जो काम प्रेम से किया जाए,
वही पूजा है।

किसी भी कार्य को पूजा बनाना
हमारी दृष्टि पर निर्भर है।

चाय बनाना भी पूजा है
अगर वह प्रेम से बने।

झाड़ू लगाना भी पूजा है
यदि वह पवित्रता से किया जाए।

पढ़ाई पूजा है,
ड्राइविंग पूजा है,
कार्यालय का काम पूजा है,
सृजन पूजा है,
सेवा पूजा है,
रिश्तों का निभाना पूजा है।

पूजा =

जागरूकता + सत्य + समर्पण।

मनोवैज्ञानिक दृष्टि — कर्मयोग मन को कैसे बदलता है?

कर्मयोग मन को पाँच स्तरों पर बदलता है

1. **मन की स्थिरता बढ़ती है**
   क्योंकि कार्य में पूर्णता आती है।
2. **वर्तमान में जीने की आदत बनती है**
   कर्मयोग = mindfulness in action.
3. **तनाव कम होता है**
   फल-त्याग = तनाव-मुक्ति।
4. **आत्म-सम्मान बढ़ता है**
   कर्तव्य करने से व्यक्ति अंदर मजबूत होता है।
5. **भावनात्मक संतुलन स्थिर होता है**
   अच्छे-बुरे परिणाम में मन नहीं डोलता।

कर्मयोग =

मनोविज्ञान + आध्यात्मिकता का अद्भुत संगम।

कार्य पूजा क्यों बनना चाहिए? — चार गहरे कारण

1. **क्योंकि जीवन का अधिकांश समय कर्म में बीतता है**
   यदि काम पूजा न बने तो जीवन तनाव बन जाता है।
2. **क्योंकि कर्म ही जीवन की दिशा तय करता है**
   कर्मयोग जीवन को व्यवस्थित और सार्थक बनाता है।
3. **क्योंकि कर्म से चेतना बढ़ती है**
   कर्म जब ध्यान बनता है
   तो चेतना ऊँची उठती है।
4. **क्योंकि कर्म ही हमारी नियति बनाते हैं**
   "कर्म ही साधन है,
   कर्म ही मुक्ति का द्वार है।"

कर्मयोग कैसे करें? — 12 सरल, गहन, व्यावहारिक तरीके

1. **हर काम को कर्तव्य समझकर करें**
   काम = सेवा।
2. **काम के दौरान पूर्ण उपस्थिति रखें**
   काम करते हुए मन न भटके।
3. **परिणाम की चिंता छोड़ दें**
   फल का स्वामित्व छोड़ दें।

4. काम को ईश्वर को समर्पित करें
पूजा अपने आप जन्म लेगी।

5. काम में पवित्रता रखें
किसी को नुकसान न हो, काम शुद्ध हो।

6. काम में प्रेम शामिल करें
प्रेम = ऊर्जा
ऊर्जा = पूजा

7. प्रतिदिन श्रम करें
श्रम शरीर को नम्र रखता है।

8. काम में अहंकार न आने दें
अहंकार पूजा को नष्ट कर देता है।

9. अपने काम को जगत-कल्याण से जोड़ें
काम पवित्र हो जाता है।

10. बिखरे हुए काम न करें
एक समय एक कार्य = ध्यान।

11. काम के बीच श्वास पर ध्यान दें
श्वास = awareness।

12. काम के अंत में "धन्यवाद" कहें
कृतज्ञता = पूजा का हृदय।

दैनिक जीवन में कर्मयोग कैसे जिएँ?

दिन के 24 घंटे की साधना

आपका पूरा दिन कर्मयोग बन सकता है

सुबह

- श्वास
- मौन
- कुछ मिनट ध्यान
- अपने दिन के 3 कर्तव्य तय करना

काम के समय

- पूर्ण उपस्थिति
- कम अपेक्षा
- अधिक समर्पण
- बिना शिकायत के कर्म

रिश्तों में

- सुनना

- समझना
- धैर्य
- कर्तव्य

शाम को

- आज के कामों की समीक्षा
- क्या अच्छा किया?
- क्या सुधारा जा सकता है?

सोते समय

- कृतज्ञता
- शांत मन

24 घंटे का जीवन
ध्यान और कर्मयोग में बदल सकता है।

कार्य को पूजा बनाना — आंतरिक अनुभव

जब कार्य पूजा बन जाता है,
तो मनुष्य को पाँच अद्भुत अनुभव होते हैं

1. हलकापन
मन हल्का होने लगता है।

2. शांत ऊर्जा
काम तनाव नहीं,
ऊर्जा बन जाता है।

3. प्रेम की धार
काम में प्रेम उतरने लगता है।

4. साक्षी-भाव
मन प्रतिक्रियाओं से मुक्त होने लगता है।

5. आनंद
काम में आनंद आने लगता है।

यह अवस्था ही **कर्मयोग** की अनुभूति है।

ध्यान काम में होना चाहिए

ध्यान केवल चुप बैठने का नाम नहीं।
ध्यान का असली रूप है
जागरूक कर्म।

- झाड़ू लगाना ध्यान
- खाना बनाना ध्यान
- चलता हुआ व्यक्ति भी ध्यान में हो सकता है

जब आप पूरी जागरूकता से
कार्य करते हैं
ध्यान हो जाता है।

जीवन का सम्पूर्ण सार

कर्म पूजा है, यदि मन पवित्र हो
कर्म पूजा तभी बनता है
जब मन

- स्वच्छ
- शांत
- समर्पित
- सत्यपूर्ण
- प्रेमपूर्ण
- इच्छाहीन

हो।

मन शुद्ध
→ कर्म शुद्ध
→ कर्मयोग
→ पूजा
→ मुक्ति
यह क्रम स्वयं खुलने लगता है।

कर्मयोग ही जीवन का सबसे सरल और सच्चा ध्यान है

यह अध्याय एक वाक्य पर समाप्त होता है:

**"काम को ईश्वर की तरह करोगे
तो काम ईश्वर बन जाएगा।"**

कार्य — तभी पूजा बनता है
जब आप

- काम को मन से करें
- काम में प्रेम रखें
- काम में समर्पण रखें
- काम में सत्य रखें

और काम का फल ईश्वर पर छोड़ दें

कार्य पूजा है
क्योंकि कार्य ही वह पुल है
जो मनुष्य को

- भीतर की शांति
- जीवन का अर्थ
- आत्मा की ऊँचाई

और मुक्ति की अवस्था
तक ले जाता है।

कर्मयोग = ध्यान + प्रेम + सत्य + समर्पण + कर्तव्य।

यही जीवन का वास्तविक मंदिर है।
यही पूजा का वास्तविक रूप है।
और यही मानव जीवन का सर्वोच्च धर्म।

अध्याय – 22

सेवा में मुक्ति भाव

कर्मयोग का सर्वोच्च रूप—सेवा

जहाँ "मैं" मिटता है, वहीं ईश्वर प्रकट होता है

मानव जीवन में तीन अवस्थाएँ होती हैं

1. **मैं अपने लिए करता हूँ।**
2. **मैं सही के लिए करता हूँ।**
3. **मैं दूसरों के लिए करता हूँ।**

तीसरी अवस्था

सेवा — मानवता का सर्वोच्च रूप है।

क्योंकि:

- सेवा में "मैं" का विलय होता है
- सेवा में "तुम" मुख्य हो जाते हो
- सेवा में अहंकार पिघलता है
- सेवा में हृदय खुलता है
- सेवा में मानव ईश्वर के करीब जाता है

वेद, उपनिषद, गीता, कबीर, बुद्ध

सभी का निष्कर्ष है:

सेवा = मुक्ति।
सेवा = धर्म।
सेवा = कर्मयोग का सर्वोच्च रूप।

इस अध्याय में हम समझेंगे

- सेवा क्या है?
- सेवा मुक्तिभाव क्यों देती है?
- सेवा कैसे अहंकार को तोड़ती है?
- सेवा में कर्मयोग का सर्वोच्च रूप कैसे प्रकट होता है?
- मनोवैज्ञानिक, आध्यात्मिक और सामाजिक स्तर पर सेवा की शक्ति
- सेवा जीवन को कैसे बदल देती है?
- सेवा में समर्पण का स्वरूप

और अंत में

सेवा करते-करते व्यक्ति स्वयं ईश्वर का माध्यम बन जाता है।

सेवा क्या है?

देने का वह भाव जो लौटने की इच्छा न रखता हो

"सेवा" शब्द का अर्थ बहुत गहरा है।

सेवा = **निष्काम कर्म + करुणा + समर्पण + प्रेम + दायित्व**।

सेवा का सार:

जहाँ प्रतिफल की इच्छा नहीं

जहाँ अहंकार नहीं

जहाँ अपेक्षा नहीं

जहाँ पहचान की चाह नहीं

जहाँ कोई लेना नहीं

केवल देना

सेवा वह अवस्था है
जहाँ मानव सिर्फ मानव नहीं रहता
वह करुणा की धारा बन जाता है।

सेवा का सबसे बड़ा सौंदर्य

इसमें देने वाला ही "धन्य" होता है

सेवा में दो लोग होते हैं

1. देने वाला
2. पाने वाला

लेकिन आध्यात्मिक सत्य यह है:

सेवा देने वाला ही अधिक पाता है।

क्यों?

क्योंकि सेवा

- मन को हल्का करती है
- अहंकार को पिघलाती है
- कर्तव्य को जागृत करती है
- ज्ञान को जन्म देती है
- प्रेम का विस्तार करती है
- आत्मा को खोलती है

- चेतना को ऊँचा उठाती है
- व्यक्ति को "स्वार्थ" से "स्वरूप" तक ले जाती है

सेवा प्राप्त करने वाला भले ही लाभ उठाए,
लेकिन देने वाला मुक्त होता है।

यही *मुक्तिभाव* है।

सेवा में मुक्तिभाव क्या है?

सेवा का सबसे उच्च रूप है
"निष्काम सेवा।"

निष्काम सेवा =
कर्म करना + फल का त्याग करना + पहचान का त्याग करना।

जब कोई व्यक्ति सेवा करता है

- बिना शर्त
- बिना नाम
- बिना लाभ
- बिना पहचान
- बिना स्वार्थ

तो उसका हृदय मुक्त हो जाता है।

मुक्तिभाव =
जब "मैं" केंद्र से हट जाता है।

यह अवस्था ही मुक्ति है।

गीता — कर्मयोग का चरम रूप सेवा क्यों है?

कृष्ण कहते हैं:
"निस्वार्थ कर्म ही ब्रह्म-योग है।"

क्योंकि सेवा ही वह क्रिया है जिसमें सबसे अधिक "स्व" का विसर्जन होता है। सेवा करते हुए:

- मन शांत
- विचार शीतल
- भावनाएँ पवित्र
- कर्म शुद्ध
- अहंकार क्षीण

जब "मैं" हटता है
ईश्वर प्रकट होता है।

कर्मयोग का चरम सूत्र:

"सेवा योग है।"

करुणा और सेवा = ज्ञान की पूर्णता

"करुणा ही धर्म है,
और करुणा का कर्म — सेवा।"

- ज्ञान का मूल्य नहीं,
  जब तक वह सेवा में न उतर जाए।
- ध्यान की ऊँचाई व्यर्थ,
  यदि वह किसी को सहारा न दे सके।
- जागरूकता का सौंदर्य अधूरा,
  यदि वह किसी को सांत्वना न दे सके।

सेवा ज्ञान की पूर्णता है।

सेवा क्यों मुक्त करती है? — पाँच गहरे कारण

1. सेवा अहंकार तोड़ती है

"मैं" मिटता है।
कर्म पवित्र होता है।

2. सेवा मन को मुक्त करती है

सेवा में तुलना, ईर्ष्या, प्रतिस्पर्धा नहीं रहती।

3. सेवा भावनाओं को शुद्ध करती है

करुणा सबसे शक्तिशाली भावनात्मक शोधन है।

4. सेवा जीवन को अर्थ देती है

जीवन स्वयं से बड़ा लगता है।

5. सेवा व्यक्ति को ईश्वर के समीप ले जाती है

क्योंकि ईश्वर का असली रूप करुणा है।

सेवा के प्रकार — केवल दान नहीं, बहुत व्यापक

सेवा को लोग अक्सर दान समझ लेते हैं
लेकिन सेवा बहुत व्यापक है।

सेवा के 10 मुख्य रूप:

1. शारीरिक सेवा

जिसे श्रमदान कहते हैं
मंदिर साफ करना, खाना बनाना, पेड़ लगाना।

2. मानसिक सेवा

किसी का मन हल्का कर देना।

3. भावनात्मक सेवा

किसी को सहारा देना
कठिन समय में साथ खड़ा होना।

4. बौद्धिक सेवा

ज्ञान देना, दिशा देना।

5. समय देना

किसी की सहायता के लिए समय निकालना
यह सबसे बड़ी सेवा है।

6. कौशल सेवा

अपना टैलेंट दूसरों के हित में लगाना
डॉक्टर का निस्वार्थ इलाज,
शिक्षक का निस्वार्थ पढ़ाना।

7. आर्थिक सेवा

सही जगह दान देना।

8. संकल्प-सेवा

किसी कार्य को पूर्ण करने का संकल्प लेना।

9. मौन सेवा

बिना बताए, बिना दिखाए सेवा करना।

10. रोज़मर्रा की सेवा

घर का काम, माँ की मदद, परिवार का सहयोग—
यह भी पवित्र सेवा है।

सेवा जीवन के हर क्षेत्र में होती है।

सेवा भाव का विज्ञान

क्यों सेवा मन को खुश करती है?

तंत्रिका-विज्ञान कहता है:

- सेवा से **Oxytocin**, **Serotonin**, **Dopamine** बढ़ते हैं।
- तनाव कम होता है
- चिंता घटती है
- खुशी बढ़ती है
- आत्म-सम्मान बढ़ता है
- दिल और दिमाग स्वस्थ होते हैं

सेवा = **भावनात्मक डिटॉक्स।**

सेवा अहंकार को कैसे समाप्त करती है?

अहंकार चार चीजों पर टिका है:

1. पहचान
2. तुलना
3. नियंत्रण
4. प्रतिफल

लेकिन सेवा में

- आप पहचान नहीं चाहते
- तुलना नहीं करते
- नियंत्रण नहीं रखते
- प्रतिफल नहीं माँगते

इससे अहंकार का आधार हिल जाता है।

सेवा = **अहंकार-विघटन प्रक्रिया।**

सेवा से मन की शुद्धि — संस्कारों का विनाश

अवचेतन मन में जो संस्कार जमा होते हैं

- क्रोध
- भय
- ईर्ष्या
- लोभ

- असुरक्षा
- संकीर्णता

सेवा इन संस्कारों को पिघलाती है।

सेवा = **चेतना की सफाई।**

सेवा और संबंध

प्रेम को स्थायी बनाना

सेवा संबंधों में:

- विश्वास बढ़ाती है
- प्रेम को गहरा करती है
- झगड़े कम करती है
- धैर्य मजबूत करती है
- कृतज्ञता बढ़ाती है
- निकटता पैदा करती है

क्योंकि सेवा "देना" है और "देना" ही प्रेम की जड़ है।

सेवा में समर्पण — जब हम स्वयं को भूल जाते हैं

समर्पण का अर्थ:

- कर्म में पूर्णता
- "मैं" का विसर्जन
- अहंकार का पिघलना
- परिणाम का त्याग
- ईश्वर की इच्छा का स्वीकार

जब सेवा में समर्पण आ जाता है

- कर्म ईश्वर का
- शरीर साधन
- मन साक्षी
- परिणाम ब्रह्म का

यह अवस्था

जीवन को दिव्य बना देती है।

सेवा का महत्व — जीवन को बदलने वाले 10 परिवर्तन

1. मन शुद्ध होता है

सेवा = शुद्धि।

2. नकारात्मकता घटती है

3. आत्म-सम्मान बढ़ता है

4. शांत ऊर्जा आती है

5. मानसिक स्थिरता बढ़ती है

6. संबंध सुधरते हैं

7. जीवन का अर्थ स्पष्ट होता है

8. कृतज्ञता बढ़ती है

9. करुणा सक्रिय होती है

10. चेतना उन्नत होती है

सेवा व्यक्ति को
मानव से "श्रेष्ठ मानव" बनाती है।

सेवा कैसे करें? — 15 शक्तिशाली अभ्यास

1. प्रतिदिन एक निस्वार्थ कार्य करें

(एक छोटा कार्य भी चलेगा)

2. अपने घर में सेवा से शुरुआत करें

3. अपनी आय का कुछ हिस्सा दान करें

4. अपने कौशल का उपयोग किसी की मदद में करें

5. सेवा करते समय "धन्यवाद" कहें

6. सेवा का परिणाम न सोचें

7. सेवा की घोषणा न करें

8. कठिन समय में किसी का हाथ पकड़ें

9. बूढ़ों, बच्चों और असहायों की सेवा करें

10. भावनात्मक सहारा बनें

11. अहंकार छोड़कर सेवा करें

12. किसी बीमार को सहारा दें

13. दिन में कम से कम 10 मिनट सेवा के संकल्प में रहें

14. सेवा के बाद 1 मिनट मौन धारण करें

15. हर कार्य को दैवीय समझकर करें

अंतिम सत्य

सेवा मनुष्य को ईश्वर का साधन बना देती है

यह अध्याय एक वाक्य पर समाप्त होता है:

सेवा में जो खोता है, वही पाता है।
सेवा में जो झुकता है, वही उठता है।
सेवा में जो देता है, वही धन्य होता है।

सेवा मनुष्य को—

- भावनात्मक रूप से मजबूत
- मानसिक रूप से शांत
- आध्यात्मिक रूप से जागृत
- सामाजिक रूप से उपयोगी

और आत्मा से मुक्त

बना देती है।

सेवा
मानव जीवन का
सर्वोच्च धर्म,
सर्वोच्च साधना,
और
सर्वोच्च योग है।

अध्याय – 23

कर्तव्य से जीवन डिज़ाइन

सृजनात्मकता, अनुशासन और व्यक्तिगत excellence

जीवन अपने आप नहीं बनता, उसे "डिज़ाइन" करना पड़ता है

जीवन कोई संयोग नहीं है।
यह कोई दुर्घटना नहीं है।
जीवन एक डिज़ाइन है।
और उस डिज़ाइन का वास्तुकार है — *मनुष्य का कर्तव्य*।

- कर्तव्य दिशा देता है
- अनुशासन आधार देता है
- सृजनात्मकता रंग देती है

और Excellence वह चमक है
जो जीवन को महान बनाती है

लोग अक्सर पूछते हैं:

- मेरा जीवन क्यों बिखरा हुआ है?
- मैं केंद्रित क्यों नहीं रह पाता?
- अनुशासन क्यों टूट जाता है?
- मेरी ऊर्जा बिखर क्यों जाती है?
- मैं अपनी क्षमता तक क्यों नहीं पहुँच पाता?
- मेरे पास प्रतिभा है, लेकिन परिणाम क्यों नहीं आते?

सभी उत्तर एक ही जगह से शुरू होते हैं
कर्तव्य।

कर्तव्य वह धातु है
जिससे जीवन का ढांचा बनता है।

कर्तव्य = दिशा
अनुशासन = रास्ता
सृजनात्मकता = शैली
Excellence = उपलब्धि

इस अध्याय में हम गहराई से समझेंगे

- जीवन-डिज़ाइन क्या है?
- कर्तव्य जीवन-डिज़ाइन का केंद्र कैसे है?
- अनुशासन और कर्तव्य का संबंध

- सृजनात्मकता का विकास कैसे होता है
- Excellence क्यों केवल प्रतिभा से नहीं आती?
- एक ऐसा जीवन-ढांचा कैसे तैयार किया जाए
  जो व्यक्ति को संतुलन, शक्ति, स्थिरता और विकास दे?
- कर्मयोग, कला और विज्ञान — तीनों कैसे जुड़ते हैं?

यह अध्याय जीवन को एक नई दृष्टि देगा

कर्तव्य से जन्मी सृजनात्मकता और

अनुशासन से निर्मित Excellence।

जीवन-डिज़ाइन क्या है?

जीवन को उद्देश्यपूर्ण रूप से बनाना

जीवन-डिज़ाइन का अर्थ है:

अपनी जीवन-ऊर्जा, समय, प्रतिभा और कर्म
इस तरह व्यवस्थित करना कि
जीवन अर्थपूर्ण, संतुलित और सुंदर बन जाए।

जीवन-डिज़ाइन =

यह तय करना कि आपका जीवन कैसा दिखेगा,
कैसा महसूस होगा,
और किस दिशा में बहता रहेगा।

जीवन-डिज़ाइन के तीन स्तंभ:

1. उद्देश्य (Purpose)
मैं क्यों हूँ?
मेरी दिशा क्या है?

2. संरचना (Structure)
मेरा दिन कैसा होगा?
मेरी दिनचर्या कैसी होगी?

3. अनुशासन (Discipline)
मैं इसे लगातार कैसे निभाऊँगा?

कर्तव्य इन तीनों के केंद्र में बैठा है।

क्योंकि:

- उद्देश्य कर्तव्य से स्पष्ट होता है
- संरचना कर्तव्य से बनती है

- अनुशासन कर्तव्य के प्रति निष्ठा है

कर्तव्य जीवन-डिज़ाइन की नींव क्यों है?

कर्तव्य वह बिंदु है
जहाँ से जीवन का हर पहलू शुरू होता है।

कर्तव्य:

- दिशा देता है
- प्राथमिकता साफ करता है
- कर्म को सही दिशा देता है
- ऊर्जा बिखरने से रोकता है
- समय को मूल्यवान बनाता है
- व्यक्ति को केंद्र में रखता है
- उद्देश्य को स्थिर करता है

कर्तव्य =
जीवन-डिज़ाइन का कम्पास (compass)।

इसके बिना जीवन दिशाहीन हो जाता है।

कर्तव्य और अनुशासन
दोनों एक-दूसरे को कैसे बनाते हैं?

अनुशासन वह शक्ति है जो कर्तव्य को कर्म में बदलती है।

कर्तव्य कहता है — *"यह करो।"*
अनुशासन कहता है — *"मैं इसे करूंगा।"*

कर्तव्य बिना अनुशासन के —
इच्छा बन जाता है।

अनुशासन बिना कर्तव्य के
व्यर्थ कठोरता बन जाता है।

सही जीवन-डिज़ाइन में:

- कर्तव्य दिशा है
- अनुशासन वह प्रक्रिया है
  जिससे दिशा वास्तविक जीवन में उतरती है।

सृजनात्मकता — कर्तव्य का सौंदर्य

सृजनात्मकता अक्सर लोगों को
अनुशासन की विरुद्ध लगती है।

लेकिन यह भ्रम है।

वास्तविक सत्य यह है:

सृजनात्मकता अनुशासन में फलती है।

एक कलाकार को

- अभ्यास चाहिए
- एकाग्रता चाहिए
- समय चाहिए
- मौन चाहिए

ये सब अनुशासन से आते हैं।

कर्तव्य कहता है:

जिस प्रतिभा को ईश्वर ने दिया है,
उसे दुनिया के हित में उपयोग करो।

यही सृजनात्मकता का धर्म है।

Excellence — कर्तव्य + अनुशासन + सृजनात्मकता का परिणाम

Excellence का मूल formula:

Excellence = Talent + Duty + Discipline + Creativity

प्रतिभा एक चिंगारी है।
कर्तव्य उसे दिशा देता है।
अनुशासन उसे शक्ति देता है।
सृजनात्मकता उसे उड़ान देती है।

Excellence कोई event नहीं।
यह एक प्रक्रिया है।
एक यात्रा है।
एक निर्माण है।

Excellence =
कर्म का ऊँचा रूप।

क्यों लोग Excellence तक नहीं पहुँच पाते? पाँच कारण

1. **कर्तव्य की स्पष्टता का अभाव**
   उन्हें पता ही नहीं होता कि उनका मार्ग क्या है।
2. **अनुशासन टूट जाता है**
   शुरू करते हैं, टिकते नहीं।
3. **ऊर्जा बिखर जाती है**
   छोटी-छोटी इच्छाओं में जीवन बह जाता है।
4. **सृजनात्मकता दब जाती है**
   मन में भय और तुलना बैठी होती है।
5. **परिणाम की जल्दी**
   Excellence समय मांगता है
   और धैर्य की परीक्षा लेता है।

गीता — जीवन-डिज़ाइन का सर्वोच्च विज्ञान

गीता कहती है:

"अपने स्वधर्म में स्थित होकर कर्म करो।"

स्वधर्म =

आपका वास्तविक कर्तव्य
आपकी वास्तविक दिशा

जब व्यक्ति अपने स्वधर्म में स्थित होता है

- उसकी ऊर्जा एकाग्र हो जाती है
- उसका मन स्थिर हो जाता है
- उसकी चेतना बढ़ जाती है

Excellence अपने आप आता है।

कृष्ण का संदेश:

"कर्मयोग जीवन-डिज़ाइन है।"

जीवन-डिज़ाइन = सतर्कता + कर्म

"सतर्कता जीवन का आधार है।"

उनका जीवन-डिज़ाइन:

- जागरूकता
- अनुशासन

- सरलता
- करुणा
- कर्म

जो अपना स्वधर्म समझ लेता है
उसका जीवन स्वयं सुंदर हो जाता है।

कर्तव्य को जीवन-डिज़ाइन में कैसे बदलें?
12 व्यवहारिक कदम

अब आते हैं इस अध्याय के सबसे महत्वपूर्ण हिस्से पर।
कर्तव्य → दिनचर्या → जीवन-डिज़ाइन कैसे बने?

1. **अपने जीवन के 5 कर्तव्य पहचानें**
   (व्यक्तिगत, पारिवारिक, व्यावसायिक, सामाजिक, आध्यात्मिक)
2. **अपने दिन के 3 मुख्य कर्तव्य तय करें**
   3 कर्तव्य = आपका दिन उत्पादक
   9 कर्तव्य = आपका महीना विकसित
   270 कर्तव्य = आपका वर्ष बदल जाएगा
3. **"जीवन का स्कोरकार्ड" बनाएं**
   हर दिन के अंत में—
   क्या पूरा किया?
4. **अपने प्रतिभाओं को पहचानें और उनका उपयोग करें**
   कर्तव्य वही है
   जहाँ प्रतिभा + मूल्य + सेवा मिलते हैं।
5. **अनुशासन को नरम बनाएं**
   कठोर नहीं
   अनुशासन =
   Consistency
   न कि पाबंदी
6. **90–90 नियम अपनाएँ**
   पहले 90 मिनट →
   सबसे महत्वपूर्ण काम

90 दिनों तक
(यह जीवन बदल देता है)

7. समय को तीन हिस्सों में बाँटें

- सोच
- काम
- विश्राम

तीनों का संतुलन आवश्यक है।

8. ऊर्जा-प्रबंधन

उठने, सोने, खाने, आराम
सभी में अनुशासन

9. ध्यान और मौन को दिनचर्या का हिस्सा बनाएं

यही सृजनात्मकता का स्रोत है।

10. सीखना जारी रखें

Excellence = continuous learning.

11. सप्ताह में एक दिन आत्म-समीक्षा करें

समय निकालकर सोचें
"मैं अपने कर्तव्य पर कितना अडिग हूँ?"

12. एक बड़ा जीवन-लक्ष्य लिखें

यह आपके जीवन-डिज़ाइन का blueprint बन जाएगा।

जीवन-डिज़ाइन में संतुलन क्यों अनिवार्य है?

संतुलन के बिना कर्तव्य बोझ बन जाता है।

संतुलन =

- काम
- स्वास्थ्य
- संबंध
- आध्यात्मिकता
- विश्राम

इनका संतुलन जीवन-डिज़ाइन का आधार है।

कर्तव्य बोझ नहीं,
बल्कि जीवन का वास्तुकार होना चाहिए।

सृजनात्मकता — अनुशासन का फूल

लोग सोचते हैं:

“सृजनात्मकता अनुशासन से मर जाती है।”

लेकिन सत्य उलटा है:

सृजनात्मकता अनुशासन में जन्म लेती है।

जब मन स्थिर होता है
विचार खुलते हैं।

जब मन संतुलित होता है
कल्पना बढ़ती है।

जब मन अनुशासन में होता है
Excellence खिलती है।

Excellence — मनुष्य का वास्तविक धर्म

Excellence अहंकार नहीं है।
Excellence प्रदर्शन नहीं है।
Excellence दूसरों से बड़ा बनने का प्रयास नहीं है।

Excellence का असली अर्थ:

“अपने सर्वोत्तम रूप में जीना।”

Excellence =
कर्तव्य का दिव्य रूप

कर्तव्य → पूर्णता
पूर्णता → Excellence

Excellence मानव जीवन का
आध्यात्मिक लक्ष्य है।

जब कर्तव्य जीवन-डिज़ाइन बन जाता है

जीवन पाँच स्तरों पर बदलता है

1. मानसिक स्तर
स्पष्टता, एकाग्रता

2. भावनात्मक स्तर
संतुलन, शांति

3. आध्यात्मिक स्तर
चेतना का विस्तार

4. व्यावहारिक स्तर
बेहतर परिणाम, बेहतर रिश्ते

5. सामाजिक स्तर
नेतृत्व, योगदान, सम्मान

कर्तव्य → अनुशासन → सृजनात्मकता → Excellence
यह क्रम जीवन को सुंदर बना देता है।

अंतिम सत्य

कर्तव्य में शक्ति है,

अनुशासन में गति है,
सृजनात्मकता में रंग है और Excellence में प्रकाश है

जीवन को बदलने के लिए

किसी क्रांति की जरूरत नहीं
सिर्फ कर्तव्य की जरूरत है।

कर्तव्य →
जीवन-डिज़ाइन का आधार है।

अनुशासन →
जीवन-डिज़ाइन को टिकाऊ बनाता है।

सृजनात्मकता →
जीवन-डिज़ाइन को सुंदर बनाती है।

Excellence →
जीवन-डिज़ाइन को श्रेष्ठ बनाती है।

जीवन अकेले से निर्मित नहीं होता
जीवन को *डिज़ाइन* करना पड़ता है।

और उसका सबसे पवित्र सूत्र है:

कर्तव्य से जीवन बनता है,
अनुशासन से चलता है,
सृजन से खिलता है,
और Excellence से चमकता है

अध्याय – 24

कर्म की रचनात्मक स्वतंत्रता

जब अनुशासन innovation का स्रोत बनता है

अनुशासन बाँधता नहीं, मुक्त करता है

दुनिया में सबसे बड़ा भ्रम है:

"अनुशासन से स्वतंत्रता घटती है।"

लोग मानते हैं कि अनुशासन
उनकी आज़ादी छीन लेता है,
उनकी रचनात्मकता दबा देता है,
और उनका जीवन कठोर बना देता है।

लेकिन गहरा सत्य इसके विपरीत है

अनुशासन रचनात्मकता का आधार है।
अनुशासन innovation का स्रोत है।
अनुशासन मन को मुक्त करता है।

अनुशासन वह संरचना है
जिसके भीतर

स्वतंत्रता फलती है

और

रचनात्मकता खिलती है।

इस अध्याय का उद्देश्य है—

- अनुशासन और स्वतंत्रता का सही अर्थ
- अनुशासन कैसे creativity को खोलता है?
- innovation का असली स्रोत क्या है?
- मनोवैज्ञानिक, आध्यात्मिक और व्यवहारिक स्तर पर अनुशासन का महत्व
- कर्तव्य कैसे अनुशासन को शक्ति देता है?
- कर्म कैसे रचनात्मक स्वतंत्रता बन जाता है?

और अंत में

जीवन में ऐसा discipline system कैसे बनाएँ
जो आपकी creative abilities को multiply कर दे?

स्वतंत्रता क्या है? — इच्छाओं की गुलामी नहीं, चेतना का विस्तार

लोग स्वतंत्रता को
"जो मन करे, वही करने की आज़ादी"
समझ लेते हैं।

लेकिन यह स्वतंत्रता नहीं
भ्रम है।

स्वतंत्रता का गहरा अर्थ है:

**"अपने मन, अपनी ऊर्जा और अपने समय पर
स्वयं का अधिकार।"**

स्वतंत्रता =

- clarity
- choice
- control
- calmness
- creativity
- consciousness

जहाँ मन स्वयं पर अधिकार रखता है
वहीं स्वतंत्रता होती है।

अनुशासन यही अधिकार देता है।

अनुशासन क्या है? — ऊर्जा का सही दिशा में प्रवाह

अनुशासन का मतलब कठोरता नहीं।
यह बल या दमन नहीं।

अनुशासन =

**ऊर्जा, समय, विचार और भावनाओं को
सही दिशा देना।**

अनुशासन =

- केंद्रित ध्यान
- नियमितता
- संरचना

- क्रम
- संतुलन
- संवेदनशीलता

अनुशासन वह संरचना है
जिसमें मन खिलता है।

अनुशासन क्यों रचनात्मकता का दुश्मन नहीं, साथी है?

रचनात्मकता तब मरती है जब

- मन बिखरा हो
- विचार अस्थिर हों
- आदतें अनियमित हों
- ऊर्जा लीक हो जाए
- जीवन में अव्यवस्था हो
- मन चिंतित हो
- समय नियंत्रण में न हो

अनुशासन इन सभी बाधाओं को हटाता है।

इसलिए:

अनुशासन = creativity का protector

अनुशासन = creativity का amplifier (बढ़ाने वाला)

अनुशासन व्यवस्थित वातावरण देता है,
और रचनात्मकता उस वातावरण में खिलती है।

नवाचार (Innovation) कैसे जन्मता है?

Innovation वह चिंगारी नहीं है
जो अचानक कूद जाए।

Innovation =
समस्या + ध्यान + संरचना + प्रयोग + अनुशासन
का परिणाम।

Innovation =

- नियमित प्रयास
- गहराई से सोचना
- गलतियाँ करना

- सुधार
- दोहराव
- mastery
- consistency

अनुशासन innovation का पिता है।
सृजनात्मकता innovation की माता।
कर्तव्य innovation का धर्म।

तीनों मिलकर
उत्कृष्टता पैदा करते हैं।

मनोवैज्ञानिक सत्य — रचनात्मकता Chaos में नहीं, Order में पनपती है

मनोविज्ञान कहता है:

**"Structure does not limit creativity.
It liberates it."**

यानी:

- अनुशासन मन पर दबाव मिटाता है
- अव्यवस्था से उत्पन्न चिंता घटती है
- मानसिक स्थान साफ होता है
- फोकस बढ़ता है
- flow-state आसानी से आता है
- अंदर की कल्पना विस्तारित होती है

Flow-state (गहन एकाग्रता + आनंद)
रचनात्मकता का मुख्य स्रोत है।

Flow-state अनुशासन से ही आता है।

कर्तव्य रचनात्मकता को कैसे पवित्र बनाता है?

कर्तव्य का अर्थ:

**मैं जो कर रहा हूँ,
वह केवल मेरे लिए नहीं
एक उच्च उद्देश्य के लिए है।**

यह भाव:

- मन को हल्का करता है
- रचनात्मकता को meaningful बनाता है
- innovation को दिशा देता है
- Ego को कम करता है
- Excellence को जन्म देता है

कर्तव्य रचनात्मकता को
आध्यात्मिकता में बदल देता है।

सृजनात्मक स्वतंत्रता की वास्तविक जड़ें

कर्तव्य + अनुशासन

रचनात्मक स्वतंत्रता को तीन चीज़ें चाहिए:

1. **Mind-space (अंदर खाली जगह)**
   जो अनुशासन देता है।
2. **Emotional-space (भावनात्मक स्पष्टता)**
   जो कर्तव्य देता है।
3. **Time-space (समय का प्रबंधन)**
   जो अनुशासन और कर्तव्य दोनों देते हैं।

जब ये तीन जगहें बनती हैं
मन सहज रूप से रचनात्मक हो जाता है।

रीति में ही प्रीति खिलती है

जिनके मन में रीति है,
उनके मन में प्रीति है।

रीति = अनुशासन
प्रीति = रचनात्मकता

- अनुशासन = प्रेम का आधार
- अनुशासन = कला का आधार
- अनुशासन = ध्यान का आधार
- अनुशासन = जीवन का आधार

साधना = अनुशासन
यही सृजनात्मकता का मार्ग है।

रचनात्मकता तब खिलती है जब मन शांत हो

जिसका मन शांत है,
उसका सृजन विशाल है।

मन को शांत करने का मार्ग:

- ध्यान
- नियमितता
- दिनचर्या
- संयम

ये सभी अनुशासन से आते हैं।

गीता — कर्मयोग innovation का विज्ञान कैसे है?

कृष्ण सिखाते हैं:

"कर्म करो, फल की चिंता मत करो।"

फल की चिंता छोड़ते ही

- मन दबाव से मुक्त
- भावनाएँ शांत
- रचनात्मकता बढ़ती
- प्रयोग करने का साहस बढ़ता
- जीवन innovation बन जाता है

कर्मयोग = सृजनात्मक स्वतंत्रता का आध्यात्मिक रूप।

अनुशासन innovation को magnify कैसे करता है?

1. Repetition से mastery आती है

Mastery = creativity + precision

2. Routine distractions हटाती है

Distraction-free mind = innovative mind

3. समय पर नियंत्रण

Time control = mental freedom

4. सुबह की दिनचर्या innovation की जड़ है

सुबह के घंटे = सबसे creative और quiet

5. Structure prevents decision fatigue

कम decisions → अधिक energy → अधिक creative output

6. अनुशासन प्रयोग को सुरक्षित बनाता है

Experiment भी व्यवस्थित होता है
तो innovation sustainable बनता है।

सृजनात्मक स्वतंत्रता का flow-state

मन + कर्म + ऊर्जा का मिलन

Flow-state एक अद्भुत अनुभव है:

- समय रुक जाता है
- मन एकाकार हो जाता है
- काम effortless लगता है
- ऊर्जा सहज बहती है
- रचनात्मकता शीर्ष पर होती है
- Ego गायब होता है

Flow-state
अनुशासन + कर्तव्य + समर्पण
से आता है।

कर्म की रचनात्मक स्वतंत्रता — 12 व्यवहारिक तरीके

1. हर दिन एक निश्चित समय deep work के लिए रखें

यह creative mind का मंदिर है।

2. डिजिटल distraction कम करें

सृजनात्मक ऊर्जा बचेगी।

3. सुबह की routine sacred बनाएं

सुबह = पूर्ण मानसिक स्वच्छता।

4. हर सप्ताह एक Learning block रखें

नया सीखना = new ideas

5. Not-to-do list बनाएं

यह discipline की उन्नत कला है।

6. तीन प्राथमिक कार्य तय करें

कम कार्य → अधिक गुणवत्ता

7. ध्यान और मौन का अभ्यास करें
यही creativity का स्रोत है।

8. अपने environment को साफ रखें
अव्यवस्था creativity को मार देती है।

9. एक "Creative Journal" रखें
विचार-पैटर्न खुलते हैं।

10. Fear of failure को हटा दें
असफलता innovation का fuel है।

11. Micro-discipline अपनाएँ
5-minute rules, 10-minute focus method।

12. हर कार्य को कुशलता + करुणा + कर्तव्य से करें
यह मन को divine flow में लाता है।

अनुशासन = स्वतंत्रता का आधार

स्वतंत्रता = रचनात्मकता का आधार
यह क्रम कभी न भूलें:

अनुशासन → स्वतंत्रता → रचनात्मकता → Innovation → Excellence

यानि— अनुशासन स्वतंत्रता देता है
स्वतंत्रता रचनात्मकता देती है
रचनात्मकता innovation देती है
innovation Excellence देती है

यह जीवन का दिव्य चक्र है।

जब कर्म रचनात्मक स्वतंत्रता बन जाता है

जीवन पाँच स्तरों पर खिलता है

1. मानसिक स्तर
एकाग्रता
शांति
स्पष्टता

2. भावनात्मक स्तर
संतुलन
आत्मविश्वास

3. सृजनात्मक स्तर

कल्पना

साहस

कला

नवाचार

4. आध्यात्मिक स्तर

समर्पण

आत्म-ज्ञान

अहंकार का क्षय

5. जीवन स्तर

Excellence

Growth

Joy

Purpose

कर्तव्य → अनुशासन → रचनात्मक स्वतंत्रता
= पूर्ण जीवन-डिज़ाइन।

अंतिम सत्य

कर्म की रचनात्मक स्वतंत्रता ही मनुष्य को ईश्वर का सह-निर्माता बनाती है

मनुष्य केवल कर्म नहीं करता

वह संसार रचता है।
वह विचार रचता है।
वह नवाचार रचता है।
वह सुंदरता रचता है।

जब कर्म:

- कर्तव्य से प्रेरित
- अनुशासन से पोषित
- सृजनात्मकता से भरा
- समर्पण से समृद्ध

होता है

तो वह कर्म नहीं,

साधना बन जाता है।

और यह साधना
जीवन को सृजन का मंदिर बना देती है।
यह अध्याय एक वाक्य पर समाप्त होता है:

अनुशासन बंधन नहीं
यह
वह ढांचा है
जिसमें स्वतंत्रता बहती है
और रचनात्मकता फलती है

अध्याय – 25

जीवन-धर्म का निर्माण

अपने व्यक्तिगत धर्म की पहचान और स्थापना

"धर्म" जन्म से नहीं आता, निर्माण से आता है

जीवन-धर्म

जो व्यक्ति को दिशा देता है,
जो उसे विकसित करता है,
जो उसे स्थिर करता है,
जो उसके जीवन के अर्थ को परिभाषित करता है
वह जन्म से नहीं मिलता।

वह निर्मित होता है।

जीवन-धर्म हमारे भीतर जागता है

- अनुभव से
- शिक्षा से
- आत्म-चिंतन से
- कर्तव्य से
- संघर्ष से
- आत्म-बोध से
- चेतना के विकास से

जीवन-धर्म वह व्यक्तिगत मार्ग है
जो हर व्यक्ति को अद्वितीय बनाता है।

यह अध्याय बताएगा

- जीवन-धर्म क्या है?
- स्वधर्म और व्यक्तिगत धर्म में अंतर
- जीवन-धर्म कैसे खोजें?
- इसकी नींव क्या है?
- मनोवैज्ञानिक, आध्यात्मिक और व्यावहारिक पहलू
- जीवन-धर्म की स्थापना कैसे करें?
- जीवन-धर्म जीवन को कैसे बदल देता है?

और अंत में

जीवन-धर्म व्यक्ति का भाग्य और भविष्य दोनों रच देता है।

जीवन-धर्म क्या है? — जीवन का आंतरिक कम्पास

जीवन-धर्म है:

आपके जीवन का

उद्देश्य + मूल्य + कर्तव्य + दिशा का एकीकृत स्वरूप

जीवन-धर्म =

- आप कौन हैं?
- आप क्यों हैं?
- आपका कर्तव्य क्या है?
- आपके सिद्धांत क्या हैं?
- आपका लक्ष्य क्या है?
- आपकी यात्रा किस दिशा में है?

जीवन-धर्म व्यक्ति का
आंतरिक navigation system है।

यह बाहरी दुनिया से नहीं,
अंदर से संचालित होता है।

स्वधर्म और जीवन-धर्म — दोनों में क्या अंतर है?

स्वधर्म (Spiritual Duty):

आपकी आत्मा का मौलिक गुण,
जो जन्म से आपके भीतर होता है।
जैसे:

- किसी का स्वभाव सेवा का
- किसी का सृजन का
- किसी का नेतृत्व का
- किसी का ज्ञान का

यह आत्मा का 'डिफ़ॉल्ट सेटिंग' है।

जीवन-धर्म (Life Path):

आप अपनी चेतना, अनुभव, समझ और कर्म से
अपने जीवन का जो मार्ग निर्मित करते हैं।

स्वधर्म → जन्मजात
जीवन-धर्म → निर्मित

जीवन-धर्म
आपके स्वधर्म का ही विस्तृत,
व्यावहारिक और उद्देश्यपूर्ण स्वरूप है।

जीवन-धर्म क्यों आवश्यक है? — पाँच गहरे कारण

1. **दिशा देता है**
   भटकाव खत्म होता है।
2. **ऊर्जा को केंद्रित करता है**
   बिखराव कम, प्रभाव ज्यादा।
3. **निर्णय सरल होते हैं**
   क्योंकि स्पष्टता आती है—
   "मुझे क्या करना है और क्या नहीं।"
4. **चरित्र बनता है**
   क्योंकि जीवन-धर्म में मूल्य केंद्र होते हैं।
5. **जीवन का अर्थ स्पष्ट होता है**
   "मैं क्यों हूँ" का उत्तर मिल जाता है।

जीवन-धर्म
व्यक्ति की आध्यात्मिक और व्यावहारिक maturity है।

जीवन-धर्म कैसे खोजें? — 12 चरणों की गहन प्रक्रिया

जीवन-धर्म कोई अचानक उत्पन्न होने वाली चमक नहीं है।
यह एक गहरी, शांत, मनोवैज्ञानिक-आध्यात्मिक यात्रा है।

यहाँ 12 गहन चरण हैं

1. **अपने जीवन की प्रमुख घटनाओं का विश्लेषण**
   कौन-सी घटनाएँ आपको बदल गईं?
   किसने आपको जागरूक किया?
   इन घटनाओं में आपका जीवन-धर्म छिपा होता है।
2. **अपनी जन्मजात प्रवृत्ति समझें**
   आप बचपन में क्या करते थे?
   किस काम से आनंद आता था?
   वहीं आपके स्वधर्म का बीज होता है।

3. अपनी प्रतिभा और कमजोरी दोनों जानें
जीवन-धर्म प्रतिभा पर आधारित होता है,
कमजोरियों की समझ पर चलता है।

4. कौन-सी समस्याएँ आपको सबसे अधिक खींचती हैं?
जिस दर्द से आप परेशान होते हैं
वह आपके जीवन-धर्म का संकेत है।

5. आपकी सबसे गहरी संवेदनशीलता क्या है?
लोगों की पीड़ा,अन्याय,अनुशासनहीनता,अज्ञान
या किसी विशेष क्षेत्र की कमी
यही आपकी दिशा है।

6. कौन-सा कार्य आपको समय का बोध मिटा देता है?
Flow-state =
Life-purpose का सबसे बड़ा संकेत।

7. बाहरी दुनिया से नहीं, भीतर से सुनें
जीवन-धर्म अंतर्मन की आवाज है।

8. अपनी मूल 5 जीवन-मूल्यों को लिखें
यही आपके जीवन-धर्म का आधार हैं।

9. जीवन का "क्यों" समझें (Purpose discovery)
आप जो भी करते हैं
क्यों करते हैं?

10. आध्यात्मिक दृष्टि को जोड़ें
आपका जीवन केवल जीविका नहीं
यात्रा है।

11. दूसरों के प्रति आपकी जिम्मेदारी क्या है?
जीवन-धर्म सामाजिक भी होता है।

12. स्वयं से पूछें
किस काम में ईश्वर मेरे हाथों से काम करवाना चाहता है?
उत्तर वहीं है।

यह प्रक्रिया व्यक्ति को
अपने जीवन के असली मार्ग तक ले जाती है।

जीवन-धर्म की नींव — पाँच स्तंभ

1. **स्वधर्म**
   जन्मजात प्रवृत्ति।
2. **मूल्य (Values)**
   सत्य, सेवा, ईमानदारी, करुणा, कर्तव्य।
3. **प्रतिभा (Calling)**
   आप किस काम में नैसर्गिक रूप से अच्छे हैं।
4. **योगदान (Contribution)**
   आप दुनिया में क्या परिवर्तन लाना चाहते हैं?
5. **कर्म-निष्ठा**
   जीवन-धर्म कर्म से ही वास्तविक होता है।

जीवन-धर्म का मनोविज्ञान — क्यों यह मानसिक स्थिरता देता है?

क्योंकि जीवन-धर्म:

- Identity देता है
- Meaning देता है
- Purpose देता है
- Direction देता है

जब ये चार चीजें मिल जाती हैं
मन का भ्रम समाप्त हो जाता है।

इसके परिणाम:

- चिंता घटती है
- निर्णय योग्यता बढ़ती है
- आत्म-सम्मान बढ़ता है
- मानसिक शांति मिलती है

आधुनिक मनोविज्ञान कहता है:

"A clear life-purpose reduces 60% mental stress."

जीवन-धर्म व्यक्ति को
मानसिक स्तर पर स्थिर करता है।

जीवन-धर्म का आध्यात्मिक विज्ञान

यह चेतना को कैसे उठाता है?

आध्यात्मिक सत्य:

"जब व्यक्ति अपने धर्म में स्थित होता है,
तब ही उसकी चेतना ऊपर उठती है।"

क्यों?

क्योंकि:

- वह मन के द्वंद्व से मुक्त हो जाता है
- अहंकार कम होता है
- जीवन meaningful हो जाता है
- कर्तव्य साधना बन जाता है
- कर्म ईश्वर को समर्पित हो जाते हैं

जीवन-धर्म →
चेतना को ऊँचा उठाता है
और व्यक्ति जीवन को एक ध्यान की भांति जीने लगता है।

गीता — "स्वधर्म में स्थित होकर कर्म करो"

कृष्ण का सबसे शक्तिशाली उपदेश:

"श्रेयान् स्वधर्मो विगुणः परधर्मात् स्वनुष्ठितात्।"

अर्थ:

अपना धर्म — चाहे अपूर्ण हो
दूसरे के धर्म से श्रेष्ठ है।

यह वाक्य जीवन-धर्म का सार है।

कृष्ण कहते हैं

- दूसरों जैसा मत बनो
- दूसरों की राह मत पकड़ो
- दूसरों के लक्ष्य मत अपनाओ

अपने जीवन-धर्म में स्थित हो
फिर कर्म करो
यही मुक्ति है।

जीवन-धर्म = जागरूकता + करुणा + कर्म

"धर्म वह है जो दुख को खत्म करे।"

यदि आपका जीवन-धर्म

- आपके दुख को कम करता है
- दूसरों के दुख को कम करता है
- मन को पवित्र बनाता है
- जीवन को सच्चा बनाता है

तो वही आपका मार्ग है।

जीवन-धर्म = सही दिशा में निरंतर कर्म।

जीवन-धर्म की स्थापना — 14 व्यवहारिक कदम

अब आते हैं इस अध्याय के
सबसे परिवर्तनकारी हिस्से पर।

जीवन-धर्म को केवल समझना नहीं
जीना होता है।

इसकी स्थापना इन 14 चरणों से होती है

1. **अपने मूल जीवन-मूल्य लिखें**
   5–7 core values।
2. **जीवन-धर्म का एक वाक्य बनाएँ**
   जैसे:
   "मैं सत्य, सेवा और कर्तव्य से दुनिया को बेहतर बनाऊँगा।"
3. **अपने प्रतिभा क्षेत्र तय करें**
   जहाँ आप नैसर्गिक रूप से अच्छे हैं।
4. **अपने जीवन का उद्देश्य लिखें**
   Purpose = direction.
5. **अपने 3–5 प्रमुख roles तय करें**
   (जैसे — पिता, लेखक, शिक्षक, नागरिक आदि)
6. **हर role के 5-5 कर्तव्य लिखें**
   ये आपके कर्म-मॉडल बनेंगे।
7. **Life-design के नियम बनाएं**
   रोज़ का अनुशासन स्पष्ट हो।

8. सालाना और मासिक लक्ष्य तय करें

लक्ष्य = लक्ष्मण-रेखा।

9. 90-day purpose cycle अपनाएँ

हर 90 दिन एक नया स्तर।

10. ध्यान और मौन को दिनचर्या में रखें

यही clarity देता है।

11. Weekly review system बनाएं

पूछें
"क्या मैं अपने जीवन-धर्म के अनुसार जी रहा हूँ?"

12. सेवा को जीवन-धर्म का हिस्सा बनाएं

Service = Life-dharma की आत्मा।

13. कठिन समय में भी जीवन-धर्म न छोड़ें

यहाँ maturity बनती है।

14. जीवन-धर्म को लचीला रखें

क्योंकि आपका विकास भी उसका हिस्सा है।

जब जीवन-धर्म स्थापित हो जाता है

जीवन पाँच स्तरों पर बदलता है

1. मानसिक स्तर

एकाग्रता + clarity + peace

2. भावनात्मक स्तर

संतुलन + स्थिरता + आत्मविश्वास

3. व्यावहारिक स्तर

बेहतर निर्णय + बेहतर परिणाम

4. सामाजिक स्तर

नेतृत्व + सम्मान + प्रभाव

5. आध्यात्मिक स्तर

चेतना का विस्तार + ईश्वर से निकटता

जीवन-धर्म
पूरे जीवन को साधना में बदल देता है।

जीवन-धर्म और भाग्य

भाग्य व्यक्ति के बाहर नहीं, भीतर है

लोग कहते हैं:

"भाग्य लिखा हुआ है।"

सत्य:

भाग्य जीवन-धर्म से निर्मित होता है।

जीवन-धर्म:

- दिशा देता है
- सतर्कता देता है
- अवसर दिखाता है
- गलतियों से बचाता है
- निरंतरता देता है
- अनुशासन देता है

यही ***भाग्य*** है।

भाग्य बाहर नहीं
जीवन-धर्म में निवास करता है।

अंतिम सत्य

जीवन-धर्म वह प्रकाश है
जो अंधकार में भी रास्ता दिखाता है

जीवन-धर्म कोई सिद्धांत नहीं
एक जीने की कला है।
एक दिशा है।
एक पवित्र कर्तव्य है।
एक आंतरिक ज्योति है।
एक स्थायी मित्र है।
एक आध्यात्मिक पथ है।

यह अध्याय एक वाक्य पर समाप्त होता है:

जिसने अपना जीवन-धर्म पहचान लिया,

उसने जीवन को पहचान लिया।

जीवन-धर्म व्यक्ति को

- अर्थ
- उद्देश्य
- शांति
- दिशा
- शक्ति
- स्वतंत्रता

और आंतरिक प्रकाश देता है।

यही जीवन का सर्वोच्च सुत्र है।

अध्याय – 26

कर्म से ज्ञान की ओर

कर्मयोग कैसे ज्ञानयोग का द्वार खोलता है

ज्ञान प्रयास से नहीं, शुद्ध कर्म से प्रकट होता है

आध्यात्मिक परंपरा में दो मार्ग सबसे गहरे माने गए हैं

- **कर्मयोग** — कर्म को पूजा बनाना
- **ज्ञानयोग** — सत्य को प्रत्यक्ष रूप से जानना

बहुत लोग मानते हैं कि कर्म और ज्ञान दो विरोधी मार्ग हैं।

जैसे एक व्यक्ति कर्म करता है,
तो वह ज्ञान से दूर रह जाता है।

लेकिन यह बहुत बड़ा भ्रम है।

गीता स्पष्ट कहती है:

"कर्मयोग ही ज्ञानयोग का द्वार है।"

क्योंकि—

- कर्म मन को शुद्ध करता है
- शुद्ध मन ही ज्ञान को ग्रहण कर सकता है
- कर्म परिपक्कता लाता है
- परिपक्क मन ही सत्य को समझ सकता है
- कर्म अहंकार को भंग करता है
- अहंकार रहित मन ही ज्ञान को पकड़ सकता है

कर्म + समर्पण + निस्वार्थता

ज्ञान का उदय।

यह अध्याय बताएगा कि कर्मयोग का असली अर्थ

- ज्ञान क्या है?
- क्यों ज्ञान पढ़ने से नहीं, कर्म से प्रकट होता है?
- कर्म मन को कैसे परिवर्तित करता है?
- कर्म-सिद्धि और ज्ञान-सिद्धि का संबंध
- गीता, उपनिषद, बुद्ध, कबीर — सब कर्म से ज्ञान की बात क्यों करते हैं?
- कर्मयोग कैसे ज्ञानयोग का द्वार खोलता है?
- ज्ञान को जीवन में कैसे उतारें?

कर्मयोग केवल कर्म की विधि नहीं

ज्ञान की तैयारी है।

ज्ञान क्या है? — यह सूचना नहीं, चेतना का प्रकाश है

ज्ञान को लोग पढ़ाई समझते हैं।
ज्ञान को लोग सूचना समझते हैं।
ज्ञान को लोग तर्क समझते हैं।
लेकिन आध्यात्मिक परंपरा में
ज्ञान = चेतना का जागरण है।
ज्ञान वह है

- जो भ्रम को हटाए
- जो सत्य को दिखाए
- जो स्वयं को प्रकट करे
- जो जीवन की जड़ को पहचानने की क्षमता दे
- जो मनुष्य को भीतर से प्रकाशमान कर दे

ज्ञान का अर्थ है:
"मैं कौन हूँ?"
का प्रत्यक्ष अनुभव।
ज्ञान केवल पुस्तकों से नहीं आता।
ज्ञान केवल गुरु से नहीं मिलता।
ज्ञान केवल तर्क से नहीं जागता।
ज्ञान तब आता है जब मन

- निर्मल
- शांत
- स्थिर
- समर्पित
- अहंकार-विहीन हो जाता है।

और यह सब कहाँ से आता है?
कर्मयोग से।

कर्मयोग क्या है? कर्म + समर्पण + निस्वार्थता + स्वधर्म

कर्मयोग का अर्थ है
कर्तव्य को ईश्वर की तरह करना
और परिणाम को ईश्वर पर छोड़ देना।

कर्मयोग तीन स्तंभों पर खड़ा है—

1. निस्वार्थता — (Selflessness)
कर्म बिना स्वार्थ।

2. समत्व — (Equanimity)
फल आए, न आए — मन समान रहे।

3. समर्पण — (Surrender)
कर्म ईश्वर को अर्पित।

इन तीनों का मिलन
कर्म को योग बना देता है और यही मन को ज्ञान के योग्य बनाता है।

कर्म और ज्ञान में अंतर क्या है? और दोनों कैसे मिलते हैं?

कर्म = बाहरी साधना
ज्ञान = आंतरिक जागृति
कर्म = शरीर और मन का उपयोग
ज्ञान = चेतना का उदय
कर्म = साधन
ज्ञान = लक्ष्य

लेकिन दोनों अलग नहीं
क्योंकि ज्ञान बिना कर्म
सैद्धांतिक बन जाता है
और कर्म बिना ज्ञान
अंधा बन जाता है।

गीता कहती है:

"कर्म योगिनाम योगः"
(कर्म करने वाला ही सच्चा योगी है)

और

"ज्ञान योगिनाम उत्तमः"
(और वही अंततः ज्ञान में पहुँचता है)

कर्म → योग → ज्ञान
यह क्रम प्राकृतिक है।

कर्म मन को कैसे शुद्ध करता है? — पाँच गहरे स्तर

ज्ञान का मूल है—मन की शुद्धि।
और शुद्धि कर्मयोग से आती है।

कर्म मन को पाँच स्तरों पर बदलता है

1. **भावनाओं की अशुद्धि हटती है**
   निस्वार्थ कर्म क्रोध, ईर्ष्या, भय, लोभ पिघलाता है।
2. **मन स्थिर होता है**
   कर्म में लीन होकर मन में शांति आती है।
3. **अहंकार घटता है**
   सेवा और कर्तव्य Ego को dissolve करते हैं।
4. **विवेक प्रकट होता है**
   कर्म से अनुभव बढ़ता है,
   अनुभव से समझ।
5. **समर्पण की स्थिति बनती है**
   कर्म को ईश्वर को अर्पण करते-करते
   मन surrender करना सीखता है।

यही मन ज्ञान को ग्रहण करने योग्य बन जाता है।

कर्मयोग ज्ञानयोग का द्वार क्यों है? गीता की दृष्टि

कृष्ण अर्जुन से कहते हैं:

“कर्मयोग से मन शुद्ध होता है।
शुद्ध मन में ज्ञान का प्रकाश अपने आप उतरता है।”

क्यों?

क्योंकि

- कर्म में पूजा है
- कर्म में साधना है
- कर्म में अनुशासन है
- कर्म में धैर्य है
- कर्म में मन की पकड़ ढीली होती है
- कर्म में ‘मैं’ धीरे-धीरे पिघलता है

और जब "मैं" हटता है
ज्ञान खुलता है।
यही कारण है कि
कृष्ण अर्जुन को पहले कर्म देते हैं,
फिर ज्ञान देते हैं।

ज्ञान ध्यान से नहीं

सही कर्म + जागरूकता से आता है**

- सम्यक कर्म
- सम्यक आजीविका
- सम्यक संकल्प
- सम्यक ध्यान

ध्यान अकेला ज्ञान नहीं देता,
यदि मन कर्म में असंगत हो।

**"कर्म सीधे ज्ञान तक नहीं ले जाते,
पर सही कर्म मन को इस योग्य बनाते हैं
कि ज्ञान जन्म ले सके।"**

- कर्म पहले
- जागरूकता बीच में
- ज्ञान अंत में

कर्मयोग ज्ञानयोग का द्वार कैसे खोलता है? पाँच गहन चरण

जीवन में ज्ञान अचानक नहीं आता।
ज्ञान योग में प्रवेश इन पाँच चरणों से होता है:

1. **कर्म में जागरूकता (Mindfulness in action)**
   कर्म ध्यान बन जाता है।
2. **कर्म में निस्वार्थता (Selfless action)**
   Ego dissolve होने लगता है।
3. **कर्म में समत्व (Equanimity)**
   मन स्थिर हो जाता है।
4. **कर्म में समर्पण (Surrender)**
   मन ईश्वर की इच्छा के अनुरूप हो जाता है।

5. मन का शुद्ध होना

शुद्ध मन में ज्ञान स्वतः खिला हुआ प्रकट होता है।
फिर ज्ञान अभ्यास नहीं
अनुभव बन जाता है।

ज्ञान का उदय — यह पढ़ाई नहीं

एक अवस्था है (State of being)
ज्ञान वह है
जिसमें

- मन शांत
- हृदय उज्ज्वल
- चेतना विस्तृत
- अहंकार विलीन

और दृष्टि स्पष्ट
हो जाती है।
ज्ञान = **मन की शुद्ध अवस्था।**
कर्म → शुद्धि → ज्ञान
यही आध्यात्मिक गणित है।

कर्मयोग से ज्ञानयोग तक की आंतरिक यात्रा (गहरा आध्यात्मिक विश्लेषण)

कर्मयोग और ज्ञानयोग के बीच
एक बहुत सुंदर सेतु है
अनुभव।
कर्म अनुभव देता है।
और अनुभव ज्ञान को जन्म देता है।
यात्रा:

- कर्म → अनुभव
- अनुभव → समझ
- समझ → विवेक
- विवेक → ज्ञान

- ज्ञान → आत्मज्ञान
- आत्मज्ञान → मुक्ति

यही कारण है कि
कर्मयोग ज्ञानयोग की सीढ़ी है।

ज्ञान का मनोविज्ञान

क्यों ज्ञान बिना कर्म टिक नहीं सकता?**

क्योंकि:

- कर्म ground देता है
- कर्म स्थिरता देता है
- कर्म आत्मसम्मान देता है
- कर्म भीतर की अशांति हटाता है
- कर्म मन को उपयोग देता है
- कर्म विनम्रता देता है

ज्ञान तभी स्थिर रहता है
जब मन विनम्र हो।

विनम्रता कर्म में ही आती है।

कर्मयोग के 10 गुण

जो मन को ज्ञान के योग्य बनाते हैं

1. **विनम्रता (Humility)**
   ज्ञान का पहला द्वार।
2. **धैर्य (Patience)**
   ज्ञान समय मांगता है।
3. **सेवा (Service)**
   सेवा मन को साफ करती है।
4. **कृतज्ञता (Gratitude)**
   हृदय को कोमल बनाती है।
5. **निस्वार्थता (Selflessness)**
   Ego को तोड़ती है।
6. **अनुशासन (Discipline)**
   मन को स्थिर रखता है।

7. पवित्रता (Purity of intention)
ज्ञान पवित्र मन में उतरता है।

8. समर्पण (Surrender)
ज्ञान का प्रवेश द्वार।

9. साक्षी भाव (Witnessing)
ज्ञान की अंतिम सीढ़ी।

10. समत्व (Equanimity)
ज्ञान की जड़।

ये सभी गुण कर्मयोग विकसित करता है।
और यही मन को
ज्ञानयोग के लिए तैयार करते हैं।

कर्म से ज्ञान तक

एक साधारण व्यक्ति की आध्यात्मिक कहानी (उदाहरण)
मान लीजिए एक व्यक्ति
एक शिक्षक है।
वह प्रतिदिन

- प्रेम से पढ़ाता है
- बच्चों को समझता है
- अपनी जिम्मेदारी निभाता है
- ईमानदारी से काम करता है
- हर कार्य में पूर्णता लाता है
- परिणाम की चिंता नहीं करता
- सेवा को कर्तव्य मानता है
- यह व्यक्ति धीरे-धीरे अनुभव करेगा:
- मन शांत होने लगा
- प्रतिक्रियाएँ खत्म होने लगीं
- भीतर प्रकाश उत्पन्न होने लगा
- सत्य स्वयं प्रकट होने लगा
- ईश्वर पास महसूस होने लगा

क्यों?

क्योंकि वह कर्मयोगी बन गया है।

और वही कर्मयोग
धीरे-धीरे
ज्ञानयोग की ओर ले जाता है।

जीवन में ज्ञानयोग कैसे जिएँ? 12 व्यवहारिक अभ्यास

1. प्रतिदिन एक निस्वार्थ कार्य करें
यह मन को शुद्ध करता है।

2. काम करते समय पूर्ण उपस्थिति रखें
जागरूकता = ज्ञान।

3. सेवा को जीवन का हिस्सा बनाएं
सेवा = शुद्धि।

4. फल की चिंता छोड़ दें
यह मन को हल्का बनाता है।

5. स्वधर्म के अनुसार कर्म करें
सही कर्म → सही ज्ञान।

6. ध्यान और मौन का अभ्यास करें
यही ज्ञान को स्थिर करता है।

7. प्रतिदिन कुछ पढ़ें
पर समझ कर्म से आए
ज्ञान को जीवन में उतारने का अभ्यास।

8. निर्णय मूल्यों के आधार पर लें

9. हर कार्य को ईश्वर को समर्पित करें

10. गलतियों को स्वीकारें
यह अहंकार को घटाता है।

11. इच्छाओं पर संयम
इच्छाएँ ज्ञान को घेरती हैं।

12. गुरु, ज्ञान, और प्रकृति से सीखें

अंतिम सत्य

कर्म ज्ञान का सत्य:
कर्म बिना ज्ञान अंधा,
ज्ञान बिना कर्म अधूरा
कर्मयोग आपको

- सरलता देता है
- अनुशासन देता है
- पवित्रता देता है
- विनम्रता देता है
- अनुभव देता है
- समत्व देता है

और वही अनुभव
धीरे-धीरे ज्ञान में बदल जाता है।

कर्म के बिना ज्ञान नहीं आता,
ज्ञान के बिना मुक्ति नहीं मिलती।
कर्मयोग ही ज्ञानयोग की सीढ़ी है।
कर्म ही ज्ञान की ओर ले जाने वाला द्वार है।

अध्याय – 27

अंतर्यात्रा: भीतर के योध्दा का जागरण

मन के युद्धक्षेत्र पर विजय

सबसे बड़ा युद्ध बाहर नहीं, भीतर चलता है

मनुष्य का सबसे बड़ा शत्रु
कोई व्यक्ति नहीं।
कोई परिस्थिति नहीं।
कोई समस्या नहीं।

मनुष्य का सबसे बड़ा युद्ध
अपने ही मन से होता है।

- बाहर की लड़ाई जीतना आसान है
- भीतर की लड़ाई जीतना कठिन

बाहर की लड़ाई में शत्रु दिखाई देता है,
भीतर की लड़ाई में शत्रु अदृश्य होता है।

बाहर की लड़ाई तलवार से जीती जाती है,
भीतर की लड़ाई **सत्य, जागरूकता और कर्तव्य** से।

गीता का पूरा युद्धक्षेत्र
बाहरी कम,
भीतर का युद्ध ज्यादा है।

अर्जुन जिस युद्ध से डर रहा था

वह वास्तव में

अपने मन के भीतर खड़ा युद्ध था।

यह अध्याय उसी गहन सच की यात्रा है

- भीतर के युद्ध क्या हैं?
- भीतर का योद्धा कौन है?
- मन शत्रु क्यों बन जाता है?
- मन को कैसे वश में करें?
- भीतर का योद्धा कैसे जागता है?
- कौन-सी साधनाएँ मन के युद्ध को जीतने में मदद करती हैं?
- कर्तव्य मन को कैसे मजबूत करता है?

और अंत में
भीतर की जीत जीवन की हर जीत का मूल है।

भीतर का युद्ध क्या है?

यह पाँच शक्तियों का संघर्ष है

मन का युद्ध
कोई एक समस्या नहीं,
बल्कि कई अदृश्य ताकतों के बीच संघर्ष है:

1. इच्छा बनाम बुद्धि
इच्छाएँ खींचती हैं,
बुद्धि रोकती है।
युद्ध शुरू।

2. आलस्य बनाम कर्तव्य
आलस्य कहता है "रुको",
कर्तव्य कहता है "चलो"।

3. भय बनाम आत्मविश्वास
भय कहता है "मत करो",
आत्मविश्वास कहता है "करो"।

4. अहंकार बनाम विनम्रता
अहंकार नियंत्रण चाहता है,
विनम्रता स्वतंत्रता देती है।

5. असत्य बनाम सत्य
असत्य सरल लगता है,
सत्य कठिन लगता है।

यह पाँचों संघर्ष मिलकर
मनुष्य के भीतर
एक निरंतर युद्ध बनाते हैं।

भीतर का योद्धा कौन है?

वह हमारा वास्तविक, सत्यपूर्ण स्वरूप है

हमारे भीतर दो रूप रहते हैं

1. मन का सैनिक
जो:

- डरता है
- भ्रमित होता है
- भटक जाता है
- इच्छाओं में फँसता है
- प्रतिक्रियाओं में गिरता है

2. आत्मा का योद्धा

जो:

- स्पष्ट
- दृढ़
- शांत
- सत्यप्रिय
- कर्तव्यनिष्ठ
- जागरूक

होता है।

भीतर का योद्धा =
**वह चेतना जो भय से नहीं,
धर्म से चलती है।**

3. मन युद्ध क्यों बन जाता है?

क्योंकि मन स्वयं जटिल संरचना है**

मन पाँच परतों से बना है

1. **चित्त** — भंडारण
2. **अहंकार** — 'मैं'
3. **बुद्धि** — निर्णय
4. **मन** — विचार
5. **संस्कार** — आदतें

इन पाँचों के बीच सामंजस्य टूट जाए,
तो युद्ध अनिवार्य है।

मन के पांच प्रमुख शत्रु — भीतर का असली युद्ध

गीता इन्हें "आंतरिक शत्रु" कहती है

1. काम (अतृप्त इच्छाएँ)
चाहतें मन को बाँधती हैं।

2. क्रोध (अपूर्ति का परिणाम)
इच्छा का बाधित होना = क्रोध।

3. लोभ (अधिक चाहिए)
लोभ मन को अंधा कर देता है।

4. मोह (लगाव)
जिनसे दूरी रखनी चाहिए—
उन्हीं से मन चिपक जाता है।

5. अहंकार (मैं केंद्र में)
यही भीतर के युद्ध का मूल कारण है।

ये पाँच शत्रु
मन को थकाते हैं
और मनुष्य को भीतर से गिराते हैं।

भीतर के युद्ध का पहला चरण

"साक्षी भाव" जागना

भीतर के योद्धा के जागरण की शुरुआत
सिर्फ एक चीज़ से होती है

साक्षी **भाव (Witnessing).**

साक्षी भाव =
"अपने विचार, भावनाएँ और प्रतिक्रियाएँ
दूरी से देखना।"

जब हम साक्षी बनते हैं

- हम मन नहीं रहते
- हम विचार नहीं रहते
- हम भावनाएँ नहीं रहते
- हम प्रतिक्रिया नहीं रहते
- हम मन के ऊपर खड़े हो जाते हैं

यही भीतर के युद्ध का
पहला और सबसे बड़ा कदम है।

भीतर के युद्ध का दूसरा चरण

इच्छाओं का निरीक्षण

इच्छाएँ बुरी नहीं होतीं,
उनकी चपलता बुरी होती है।

इच्छा → आग्रह बन जाए
आग्रह → तनाव बन जाता है
तनाव → युद्ध बन जाता है

इच्छा को निरीक्षण से
आप तटस्थ कर देते हैं।

और जब इच्छा तटस्थ होती है
मन शांत हो जाता है।

भीतर के युद्ध का तीसरा चरण

भावनाओं का स्वीकार

भावनाएँ दुश्मन नहीं हैं।
उन्हें दबाना युद्ध को बढ़ाता है।

भावना = ऊर्जा
ऊर्जा = प्रवाह
प्रवाह = स्वीकृति से आता है

- क्रोध आए → देखें
- भय आए → देखें
- दुःख आए → देखें

देखते रहने की शक्ति
भीतर के योद्धा की तलवार है।

भीतर के युद्ध का चौथा चरण

कर्तव्य का स्मरण

कर्तव्य मन को दिशा देता है।
दिशा = clarity
और clarity = विजय

कृष्ण कहते हैं:

"कर्तव्य को याद करो
मन का भ्रम समाप्त होगा।"

कर्तव्य मन को
अव्यवस्था से व्यवस्था में बदलता है।

कर्तव्य →
प्रतिक्रिया से क्रिया तक ले जाता है।
और जब मन क्रिया-शील होता है
युद्ध कम होता है।

भीतर के युद्ध का पाँचवाँ चरण

समर्पण (Surrender)

मन को जीतने का
सबसे शक्तिशाली हथियार है
समर्पण।

समर्पण =
"मैं अपना नहीं,
ईश्वर का मार्ग अपनाऊँ।"

समर्पण मन को मुक्त करता है
क्योंकि:

- तनाव गिरता है
- भय टूटता है
- दबाव कम होता है
- परिणाम का बोझ हटता है

समर्पण =
योद्धा की अंतिम ढाल।

भीतर के योद्धा की पहचान

उसके 12 गुण

भीतर का जागृत योद्धा
साधारण मनुष्य को
असाधारण बना देता है।

उसके 12 गुण:

1. स्थिरता
2. सत्यनिष्ठा
3. धैर्य
4. विवेक
5. निडरता
6. करुणा
7. साक्षी भाव
8. समर्पण
9. समत्व
10. अनुशासन
11. कर्तव्यनिष्ठा
12. आत्मचेतना

जिस व्यक्ति में ये गुण विकसित होने लगते हैं
उसका भीतर का योद्धा
जगने लगता है।

मन के युद्धक्षेत्र को समझना

अर्जुन की तरह हर व्यक्ति अपनी कुरुक्षेत्र में खड़ा है

"कुरुक्षेत्र" कोई भौगोलिक स्थान नहीं
यह मन का क्षेत्र है।

- संघर्ष
- द्वंद्व
- भ्रम
- भय
- निर्णय
- जिम्मेदारी

जहाँ ये छह मौजूद हों
वही कुरुक्षेत्र है।

कृष्ण अर्जुन से कहते हैं

**"तुम्हारा युद्ध बाहर नहीं,
भीतर है।"**

यही संदेश
हर मनुष्य के लिए सार्वकालिक है।

मन को जीतना

गीता का मनोवैज्ञानिक विज्ञान

गीता कहती है:

"मन एव मनुष्याणां कारणं बन्धमोक्षयोः।"

मन ही बंधन का कारण,
मन ही मुक्ति का कारण।

मन चाहे तो

- कष्ट पैदा कर सकता है
- मुक्ति दे सकता है

कैसे?

- कर्तव्य से
- योग से
- समत्व से
- समर्पण से
- सत्य से
- सेवा से

मन का परिष्कार ही
मुक्ति का मार्ग है।

"भीतर का युद्ध ही असली युद्ध है"

**"जो स्वयं को जीत लेता है,
वह हजारों युद्ध जीतने वाले से श्रेष्ठ है।"**

भीतर का युद्ध:

- प्रतिक्रियाओं का
- इच्छाओं का
- आदतों का
- अज्ञान का
- अहंकार का

मन के युद्ध में जीतने के लिए 15 शक्तिशाली अभ्यास

अब आते हैं व्यवहारिक भाग पर

1. **प्रतिदिन 10 मिनट मौन साधना**
   मौन मन को निर्विकार करता है।
2. **ध्यान (Breath awareness)**
   श्वास ही भीतर का पथ है।
3. **दैनिक कर्तव्य सूची**
   मन बिखरने से बचेगा।
4. **साक्षी भाव अभ्यास**
   विचारों को देखें, लड़ें नहीं।
5. **इच्छाओं पर संयम**
   अति-इच्छा = मन का दासत्व।
6. **भावनाएँ आने पर उन्हें देखना**
   दमन न करें, निरीक्षण करें।
7. **'No Reaction' अभ्यास**
   एक दिन में कम से कम 3 बार प्रतिक्रिया न देना।
8. **सेवा**
   सेवा Ego को dissolve करती है।
9. **कृतज्ञता**
   हृदय की ऊर्जा शुद्ध होती है।
10. **सत्य वचन**
    सत्य मन को तेज बनाता है।
11. **स्वधर्म पर टिकना**
    अंदर की शक्ति जागृत होती है।
12. **अनुशासन**
    मन को दिशा मिलती है।
13. **स्वस्थ शरीर**
    मन का आधार शरीर है।
14. **गलतियों को स्वीकार करना**
    अहंकार गिरता है।

15. समर्पण

सबसे बड़ी ढाल।

जब भीतर का योद्धा जाग जाता है

व्यक्ति पाँच स्तरों पर बदल जाता है

1. मानसिक स्तर

स्थिरता

स्पष्टता

आत्मविश्वास

2. भावनात्मक स्तर

संतुलन

त्वरित प्रतिक्रिया का अंत

3. आध्यात्मिक स्तर

चेतना का विस्तार

आंतरिक प्रकाश

4. व्यावहारिक स्तर

श्रेष्ठ निर्णय

श्रेष्ठ कर्म

श्रेष्ठ परिणाम

5. सामाजिक स्तर

नेतृत्व

विनम्रता

सेवा

अंदर का योद्धा जागे बिना
बाहर कुछ भी परिपूर्ण नहीं हो सकता।

अंतिम सत्य

भीतर की जीत = जीवन की जीत

यह अध्याय एक वाक्य पर समाप्त होता है:

**“जो भीतर के युद्ध को जीत लेता है,
वह दुनिया का हर युद्ध जीत सकता है।”**

भीतर का योद्धा जागे बिना

- कर्तव्य अधूरा
- ज्ञान अधूरा
- नेतृत्व अधूरा
- संबंध अधूरे
- जीवन अधूरा
- आध्यात्मिकता अधूरी

भीतर का योद्धा जागना
मानव जीवन की सबसे बड़ी उपलब्धि है।

अध्याय – 28

मौन का धर्म

कर्म के बीच मौन का महत्व

जीवन का सबसे गहरा संगीत मौन में सुनाई देता है

दुनिया को लगता है
कि जीवन चल रहा है
शोर में, गति में, प्रयास में,
बातचीत में, दौड़-भाग में, कर्म में।

लेकिन जीवन की असली धुन
शांति में है।
स्थिरता में है।
और सबसे गहराई से
मौन में है।

मौन कोई खालीपन नहीं है।
मौन कोई शून्यता नहीं है।
मौन कोई निष्क्रियता नहीं है।

मौन ऊर्जा है।
मौन जागृति है।
मौन आत्मा की भाषा है।

मनुष्य कर्म के माध्यम से दुनिया से जुड़ता है,
और मौन के माध्यम से
अपने आप से।

इस अध्याय में हम जानेंगे

- मौन क्या है? (जो सिर्फ बोलना बंद करने से नहीं आता)
- मौन और कर्म का संबंध
- मौन का मनोविज्ञान
- मौन का आध्यात्मिक विज्ञान
- गीता, उपनिषद, बुद्ध और कबीर मौन पर इतना जोर क्यों देते हैं?
- व्यवहारिक रूप से मौन को कैसे विकसित करें?
- मौन कैसे नेतृत्व, निर्णय, संबंध और सृजनात्मकता को बदल देता है?

और अंत में

मौन का धर्म क्यों मानव-जीवन का सबसे केंद्रित और पवित्र अभ्यास है।

मौन क्या है?

यह आवाज़ का अभाव नहीं, चेतना का उत्थान है

मौन = न बोलना।

लेकिन यह मौन का सिर्फ पहला, सबसे छोटा स्तर है।

मौन के पाँच स्तर हैं

1. **वाणी का मौन (Silence of speech)**
   यह बाहरी मौन है।
   इसके लिए केवल बोलना बंद करना पड़ता है।
2. **इन्द्रियों का मौन (Silence of sense consumption)**
   कम देखना,
   कम सुनना,
   कम प्रतिक्रिया देना।
3. **विचारों का मौन (Silence of thoughts)**
   विचार धीरे-धीरे शांत होते हैं।
4. **भावनाओं का मौन (Silence of emotions)**
   शांति सिर्फ सिर में नहीं, हृदय में उतरती है।
5. **आत्मा का मौन (Silence of being)**
   जहाँ
   कोई चाह नहीं।
   कोई शोर नहीं।
   कोई तनाव नहीं।
   केवल अस्तित्व।

इसी अवस्था को
"आनंद",
"साक्षीभाव", या
"अंतर्यात्रा का चरम मौन"
कहा जाता है।

मौन कर्म का विरोध नहीं

कर्म की जड़ है

यह बहुत गहरा सत्य है:

कर्म मौन से पैदा होता है।
और मौन कर्म को पवित्र बनाता है।

क्यों?

क्योंकि मौन में

- मन स्थिर होता है
- निर्णय स्पष्ट होते हैं
- प्रतिक्रियाएँ कम होती हैं
- कार्यों का उद्देश्य साफ होता है
- ऊर्जा बचती है
- कर्तव्य का भाव गहरा होता है
- विचारों में शुद्धता आती है
- भावनाएँ संतुलित रहती हैं

मौन कर्म का आधार है,
और कर्म मौन का विस्तार।

मौन का मनोविज्ञान

क्यों मौन मन को स्थिर करता है?

मौन मन को तीन स्तरों पर बदल देता है

1. **मानसिक स्तर**
   मौन विचारों की गति कम करता है।
   गति कम = स्पष्टता अधिक।
2. **भावनात्मक स्तर**
   मौन भावनाओं की तीव्रता को घटाता है।
   भावनाएँ साफ = मन शांत।
3. **न्यूरोलॉजिकल स्तर**
   शोध बताते हैं कि मौन
   - प्रीफ्रंटल कॉर्टेक्स को सक्रिय करता है
   - निर्णय क्षमता सुधारता है
   - तनाव कम करता है
   - बॉडी और ब्रेन को ऑक्सीजन देता है
   - हृदय गति शांत करता है

मौन =

मानव मस्तिष्क का healing mode।

मौन का आध्यात्मिक विज्ञान

जब मन रुकता है, आत्मा बोलती है

आवाज़ मन की है।
मौन आत्मा का है।

मन आवाज़ों से भरा है

- इच्छाओं की
- प्रतिक्रियाओं की
- भय की
- यादों की
- अपेक्षाओं की
- तर्कों की

आत्मा मौन में बोलती है।

आध्यात्मिक परंपरा कहती है:

**"ध्यान मौन का द्वार है,
मौन आत्मज्ञान का द्वार।"**

मौन में

- अहंकार कम होता है
- चेतना बढ़ती है
- भीतर प्रकाश फैलता है
- कर्तव्य स्पष्ट दिखने लगता है

और यही
कर्मयोग को
ज्ञानयोग में बदलता है।

गीता — कर्म मध्य में मौन क्यों आवश्यक?

कृष्ण कहते हैं:

"समत्वं योग उच्यते।"

समत्व =
मन में शोर नहीं।
मौन जैसी शांति।

कृष्ण अर्जुन से कहते हैं

"अर्जुन,
शक्ति युद्ध में नहीं,
शक्ति भीतर की निःशब्दता में है।"

अर्जुन के मन में जो शोर था
उससे वह दुर्बल था।
कृष्ण मौन देकर
उसे योद्धा बनाते हैं।

मौन कोई क्रिया नहीं, एक शक्ति है

- सतर्कता
- ध्यान
- निरीक्षण
- मौन

इन चारों पर आधारित है।

- मौन → मन को पारदर्शी करता है
- पारदर्शिता → सत्य दिखाई देता है
- सत्य → ज्ञान
- ज्ञान → मुक्ति

मौन और कर्तव्य

कर्तव्य मौन में ही जन्मता है

कर्तव्य को देखने के लिए
मन को स्थिर होना पड़ता है।

कर्तव्य का निष्पादन
मौन में पनपता है।

मौन मन को यह पाँच वरदान देता है

1. **स्पष्टता**
   कर्तव्य साफ दिखता है।

2. **साहस**
   भय कम होता है।
3. **संयम**
   मन संतुलित रहता है।
4. **जागरूकता**
   प्रतिक्रियाएँ कम होती हैं।
5. **समर्पण**
   मन ईश्वर के करीब आता है।

इसलिए
कर्म और मौन एक-दूसरे के पूरक हैं।

क्यों आधुनिक जीवन में मौन खो गया है?

- लगातार स्क्रीन पर
- लगातार सूचनाओं से भरा
- लगातार तुलना में
- लगातार प्रतिक्रिया में

मनुष्य का ध्यान
इतना खंडित हो गया है
कि मौन मिलना असंभव लगने लगा है।

लेकिन जितना आधुनिक जीवन शोर पैदा करता है,
उतना ही मौन आवश्यक हो गया है।

मौन की शक्ति

क्यों मौन आपको 10 गुणा अधिक प्रभावी बनाता है?

1. बेहतर निर्णय
मौन निर्णय को गहराई देता है।

2. बेहतर संबंध
मौन प्रतिक्रिया रोकता है,
समझ बढ़ाता है।

3. बेहतर नेतृत्व
मौन नेता को स्थिरता देता है।

4. **सृजनात्मकता**
   मौन अंदर नए विचार खोलता है।
5. **ऊर्जा संरक्षण**
   कम बोलने से ऊर्जा बचती है।
6. **धैर्य बढ़ता है**
   मौन impatience को dissolve करता है।
7. **अहंकार टूटता है**
   मौन Ego को पिघलता है।
8. **ध्यान स्वतः बढ़ता है**
   मौन → mindfulness.
9. **अंतर्ज्ञान सक्रिय होता है**
   मौन intuition को sharp करता है।
10. **आध्यात्मिकता गहरी होती है**
   मौन आत्मा का द्वार है।

मौन का अभ्यास — 14 शक्तिशाली विधियाँ

आइए अब व्यवहार में उतरें।

1. **सुबह के 10 मिनट मौन**
   दिन का टोन सेट हो जाता है।
2. **भोजन मौन में**
   पाचन सुधरता है।
   ध्यान बढ़ता है।
3. **फालतू बोलना कम करें**
   कम शब्द → अधिक ऊर्जा।
4. **मोबाइल एक घंटे मौन मोड में रखें**
   डिजिटल मौन बहुत आवश्यक है।
5. **"एक वाक्य में उत्तर" नियम**
   बिना आवश्यकता विस्तार न करें।
6. **किसी भी संवाद में 5 सेकंड रुककर उत्तर दें**
   प्रतिक्रिया नहीं, प्रतिक्रिया-पूर्वक *उत्तर*।
7. **सप्ताह में 1 घंटा पूर्ण मौन**
   इसे "आत्मा का स्नान" कहें।

8. अपने कमरे का एक कोना "मौन क्षेत्र" बनाएं
वहाँ बोलना नहीं।

9. प्रकृति में मौन टहलना
सबसे शक्तिशाली आध्यात्मिक अभ्यास।

10. रात को सोने से पहले 10 मिनट का मौन
सभी विचार settle हो जाते हैं।

11. भावनात्मक मौन का अभ्यास
भावनाएँ आएँ
उन्होंने जवाब न दें।

12. विचारों का मौन
विचारों को आने दें,
उन्हें पकड़ें नहीं।

13. ध्यान
गहन मौन की अंतिम साधना।

14. "मौन दिवस" (Silent day) महीने में एक बार
पूरे मन का reset।

मौन और संबंध

मौन संबंधों को गहराई देता है
रिश्तों की समस्याएँ
अधिकतर दो वजहों से होती हैं

- ज़्यादा बोलना
- ज़्यादा प्रतिक्रिया देना

मौन रिश्तों में

- समझ लाता है
- संवेदनशीलता लाता है
- सम्मान लाता है
- संतुलन लाता है
- गहराई लाता है

मौन = संबंधों का आध्यात्मिक पोषण।

मौन और सृजनात्मकता

नए विचार मौन में जन्म लेते हैं
सभी महान कला
कविता, संगीत, आविष्कार
मौन की कोख से जन्मे हैं।

क्यों?

क्योंकि मौन में

- विचार जुड़ते हैं
- ऊर्जा जागती है
- कल्पना बढ़ती है
- मन खुल जाता है
- प्रेरणा आती है

सृजनात्मकता = शांत मन की संतान।

मौन और स्वयं

मौन में मनुष्य स्वयं से मिलता है
मौन का सबसे बड़ा उपहार है:

स्वयं से भेंट।

मौन में:

- हम अपनी कमजोरी देखते हैं
- अपनी शक्ति देखते हैं
- अपनी आदतें देखते हैं
- अपनी गलतियाँ समझते हैं
- अपने भय का सामना करते हैं
- अपने अस्तित्व को पहचानते हैं

मौन व्यक्ति को सच्चाई में ला देता है।

अंतिम सत्य

मौन धर्म क्यों है?

क्योंकि

मौन मन को स्थिर करता है।
स्थिर मन कर्तव्य को स्पष्ट करता है।
स्पष्ट कर्तव्य सही कर्म को जन्म देता है।
सही कर्म जीवन को दिव्य बनाता है।

मौन न बोलने का धर्म नहीं
जीने का धर्म है।

मौन का धर्म व्यक्ति को

- संतुलन
- पवित्रता
- clarity
- शक्ति
- शांति
- आध्यात्मिकता
- सत्य

देता है।

और यह अध्याय एक वाक्य पर समाप्त होता है:

मौन ईश्वर की भाषा है
जो मौन को सुन लेता है
वह जीवन के सत्य को सुन लेता है

अध्याय – 29

कर्तव्य में मोक्ष का बीज

मोक्ष कोई अलग रास्ता नहीं—कर्म का शुद्ध रूप ही मार्ग है

मोक्ष कहीं बाहर नहीं, कर्म के भीतर छिपा है

मनुष्य सदियों से मोक्ष की खोज करता आया है।

मोक्ष

- जन्म-मृत्यु से मुक्ति?
- दुःख से मुक्ति?
- इच्छाओं से मुक्ति?
- अहंकार से मुक्ति?
- जीवन के बोझ से मुक्ति?

मोक्ष को पर्वतों में खोजते हैं,
गुफाओं में खोजते हैं,
तपस्या में खोजते हैं,
ध्यान में खोजते हैं,
ज्ञान में खोजते हैं,
संन्यास में खोजते हैं।

लेकिन सबसे बड़ा सत्य यह है:

मोक्ष कोई अलग मार्ग नहीं।

मोक्ष कर्म के शुद्ध रूप से प्रकट होता है।

मोक्ष =
कर्म का पूर्ण, निस्वार्थ, समर्पित, संतुलित स्वरूप।

गीता कहती है:

"कर्मयोग ही मोक्ष का मार्ग है।"

अर्थ:
मोक्ष जीवन से भागने में नहीं
जीवन के बीच
कर्तव्य को सर्वोच्च रूप से निभाने में है।

इस अध्याय में हम जानेंगे

- मोक्ष क्या है? (वास्तविक आध्यात्मिक अर्थ में)
- कर्तव्य मोक्ष का आधार क्यों है?
- कर्म का शुद्ध रूप मोक्ष का द्वार कैसे खोलता है?
- निस्वार्थता, समत्व, समर्पण—ये कैसे आत्मा को मुक्त करते हैं?
- कर्मयोग मोक्षयोग कैसे बन जाता है?

और अंत में

व्यवहारिक जीवन में मोक्ष का बीज कैसे बोया जाए?

यह अध्याय मोक्ष की गहनतम समझ है

पुस्तक का शिखर।

मोक्ष क्या है? जन्म-मृत्यु से पहले, मन से मुक्ति

सामान्य धारणा है

मोक्ष मृत्युपरांत प्राप्त होता है।

लेकिन सत्य कहता है:

मोक्ष अभी—यहीं—इस जीवन में संभव है।

मोक्ष =

- मन की पकड़ से मुक्ति
- अहंकार की पकड़ से मुक्ति
- इच्छाओं की लत से मुक्ति
- प्रतिक्रियाओं की आदत से मुक्ति
- दुःख के चक्र से मुक्ति
- असत्य से मुक्ति
- अज्ञान से मुक्ति

मोक्ष वह स्थिति है

जहाँ मनुष्य

- स्वतंत्र है
- शांत है
- जागरूक है
- संतुष्ट है
- निस्वार्थ है
- सत्य में स्थित है
- समत्व में जीता है
- कर्तव्य में पूर्ण है

मोक्ष का मूल है:

"मैं" का विलय और "कर्तव्य" का उदय।

मोक्ष कहीं बाहर नहीं

मन की संरचना में है

मानव मन चार चीज़ों की गिरफ्त में रहता है:

1. **इच्छाएँ**
2. **भय**
3. **अहंकार**
4. **अज्ञान**

मोक्ष =

इन चार की जड़ को काट देना।

कैसे?

कर्म से।

कर्तव्य मन को स्थिर करता है।
निस्वार्थ कर्म अहंकार तोड़ता है।
समत्व भय समाप्त करता है।
समर्पण इच्छा का ज्वर मिटाता है।
जागरूकता अज्ञान हटाती है।

इसलिए

कर्म → मोक्ष की मनोवैज्ञानिक प्रक्रिया है।

कर्तव्य मोक्ष का आधार क्यों है?

कर्तव्य के चार गुण हैं

1. निस्वार्थता

अपने लिए नहीं

धर्म के लिए।

2. समर्पण

कर्म ईश्वर को अर्पित।

3. समत्व

फल मलिन करे न मन।

4. सत्य

कर्तव्य में छल, कपट या भ्रम नहीं।

ये चार गुण

अहंकार को पिघला देते हैं।

और जब अहंकार पिघलता है
मोक्ष खिलता है।

अहंकार मोक्ष का दरवाज़ा बंद करता है।
कर्तव्य उसे खोल देता है।

हर कर्तव्य-मय कर्म मोक्ष का बीज है

कर्तव्य =
सही कर्म
सही समय
सही भावना
सही उद्देश्य
सही समर्पण

कर्तव्य वह भूमि है जिसमें मोक्ष का बीज बोया जाता है।

जैसे

- सेवा
- प्रेम
- परोपकार
- ईमानदारी
- सत्य
- संयम
- शांति
- समर्पण
- क्रोध का दमन नहीं, निरीक्षण
- लोभ पर विजय
- भय पर काबू
- मन का नियंत्रण
- इच्छाओं का संयम

ये सभी
मोक्ष की भूमियाँ हैं।

गीता — "कर्मयोग ही मोक्ष का मार्ग है"

गीता मोक्ष के बारे में
सबसे स्पष्ट संदेश देती है:

"कर्म के द्वारा ही मनुष्य मुक्त होता है।"

क्यों?

क्योंकि

- कर्म मन को शुद्ध करता है
- शुद्ध मन में ज्ञान का उदय
- ज्ञान से मोह का अंत
- मोह के अंत से मोक्ष

यह क्रम अविचल है।

मोक्ष = मन का निर्वाण

निर्वाण = सही कर्म

निर्वाण का आधार:

- करुणा
- संतुलन
- कर्म
- जागरूकता

मोक्ष का सबसे वास्तविक मार्ग।

कर्म शुद्ध कैसे बनता है?

मोक्ष के तीन प्रमुख तत्व

कर्म का शुद्ध रूप वह है
जो

1. निस्वार्थ हो

इच्छा से नहीं,
कर्तव्य से प्रेरित।

2. समत्वपूर्ण हो

परिणाम चाहे जो हो
मन स्थिर।

3. समर्पित हो

कर्म भगवान को अर्पित,
मन निष्काम।

यह तीनों मिलें →
कर्म = योग →
योग = मोक्ष का द्वार।

क्यों मोक्ष कोई अलग रास्ता नहीं?

क्योंकि जीवन ही साधना है

मोक्ष जीवन से अलग नहीं हो सकता,
क्योंकि

- जीवन ही कर्म है
- कर्म ही साधना
- साधना ही मोक्ष

जीवन = कर्म
कर्म = योग
योग = मोक्ष

यह क्रम प्राकृतिक है।

क्योंकि मनुष्य जब

- अपना कर्तव्य निभाता है
- बिना स्वार्थ के
- सत्य में
- संतुलन में
- समर्पण में

तो उसका हर कर्म
आत्मा को शुद्ध करता है।

शुद्ध आत्मा →
मुक्त आत्मा।

कर्मयोग मोक्षयोग कैसे बन जाता है?

आंतरिक रूपांतरण के चार चरण

1. कर्म से मन का परिष्कार
मन शांत, संयमित होता है।

2. मन की शुद्धि से ज्ञान का उदय
ज्ञान = समझ कि "मैं कौन हूँ।"

3. ज्ञान से मोह और भय का नाश
मोह और भय → मन की जंजीरें।

4. इन जंजीरों के टूटते ही
मोक्ष स्वतः प्रकट

मोक्ष किया नहीं जाता
मोक्ष घटता है।

मोक्ष का जीवन-व्यवहार

व्यवहारिक जीवन में मोक्ष कैसे जिएँ?

मोक्ष को जीवन में उतारने के लिए
12 अत्यंत प्रभावशाली अभ्यास:

1. प्रतिदिन कर्तव्य को सर्वोच्च मानना
कर्तव्य → मन को शुद्ध रखता है।

2. हर कार्य में निस्वार्थता का अभ्यास
अहंकार धीरे-धीरे मिटता है।

3. फल की चिंता हटाना (निष्कामता)
यही मोक्ष की जड़ है।

4. समत्व का अभ्यास
प्रशंसा और निंदा समान।

5. मन को प्रतिक्रिया से हटाकर
सचेत क्रिया की ओर ले जाना**
प्रतिक्रिया = बंधन
क्रिया = मोक्ष

6. साक्षीभाव
मन को देखो, उससे पहचान मत बनाओ।

7. सेवा
सेवा आत्मा को पवित्र करती है।

8. मौन

मौन = मोक्ष की ऊर्जा।

9. ध्यान

ध्यान = मन की जंजीरों को ढीला करना।

10. आहार, दिनचर्या, जीवनशैली में संयम

संयम → स्पष्टता

स्पष्टता → शांति

11. अपने स्वधर्म के अनुसार जीवन

यही मोक्ष का सबसे सटीक मार्ग।

12. समर्पण

आखिरी मुक्ति समर्पण से आती है।

जिसे ईश्वर पर छोड़ दिया,

उससे मन मुक्त।

मोक्ष कोई "बाद में मिलने वाला पुरस्कार" नहीं

यह अभी की अवस्था है

मोक्ष समय पर निर्भर नहीं।

मोक्ष स्थान पर निर्भर नहीं।

मोक्ष मृत्यु पर निर्भर नहीं।

मोक्ष जीवन की समाप्ति नहीं

जीवन की स्पष्टता है।

मोक्ष =

अभी की शांति का प्रकाश।

अभी की जागरूकता का अनुभव।

अभी की निस्वार्थता की सुगंध।

अभी की सत्य की स्थापना।

अभी के कर्तव्य का पूर्ण निर्वाह।

मोक्ष कोई future event नहीं

मोक्ष एक **current state** है।

अंतिम सत्य

कर्तव्य ही मोक्ष का द्वार है

मोक्ष कहीं और नहीं
उन कर्मों में है
जो ईमानदारी, निस्वार्थता और समत्व से किए जाते हैं।

मोक्ष कोई अलग मार्ग नहीं
कर्म का शुद्ध रूप ही मार्ग है।

मोक्ष =

- कर्तव्य का पवित्रता
- कर्तव्य का समर्पण
- कर्तव्य का समत्व
- और कर्तव्य की निष्कामता

मोक्ष मन का अंतिम फूल है।
कर्तव्य उसकी जड़ है।

यह अध्याय एक वाक्य पर समाप्त होता है:

जिसने कर्तव्य को योग बना लिया,
उसने मोक्ष को जीवन बना लिया

अध्याय – 30

जीवन-सत्य कर्तव्य का उदय

जब जीवन, धर्म, कर्म और उत्तरदायित्व एक हो जाएँ

जीवन का सत्य एक ही है

जब कर्तव्य जागता है, मनुष्य पूर्ण हो जाता है

हर युग, हर संस्कृति, हर शास्त्र
एक ही खोज में लगा है

"जीवन का सत्य क्या है?"
"मनुष्य क्यों जन्मा है?"
"कर्म का उद्देश्य क्या है?"
"धर्म का अर्थ क्या है?"
"उत्तरदायित्व क्यों आवश्यक है?"
"मुक्ति का मार्ग क्या है?"

और इन सभी प्रश्नों का उत्तर
एक ही पंक्ति में समाहित है

जब व्यक्ति कर्तव्य में जागता है,
तब वह जीवन, धर्म, कर्म और उत्तरदायित्व
सबको एकीकृत कर लेता है।

कर्तव्य ही

- धर्म का बीज है
- कर्म का मार्ग है
- उत्तरदायित्व का प्रकाश है
- और जीवन की पूर्णता है

कर्तव्य वह आंतरिक बिंदु है
जहाँ

- आत्मा
- बुद्धि
- मन
- कर्म
- चेतना
- और सत्य

एक ही दिशा में बहने लगते हैं।

पूरी पुस्तक का निष्कर्ष है
जीवन का सत्य कर्तव्य में प्रकट होता है।

जीवन का सत्य क्या है? अस्तित्व का एकीकृत स्वरूप

जीवन का सत्य कोई बाहरी सिद्धांत नहीं।
जीवन का सत्य कोई विचार नहीं।
जीवन का सत्य कोई वाक्य नहीं।
जीवन का सत्य कोई दर्शन नहीं।

जीवन का सत्य है

जीवन का अपना अस्तित्व।

और वह अस्तित्व
कर्तव्य में प्रकट होता है।

जीवन का सत्य चार स्तंभों पर आधारित है

1. **धर्म (The Principle)**
   सत्य की सार्वभौमिक व्यवस्था।
2. **कर्म (The Action)**
   धर्म को जीवन में व्यक्त करने की प्रक्रिया।
3. **उत्तरदायित्व (The Maturity)**
   अपने कर्मों के प्रति स्वयं का स्वामित्व।
4. **कर्तव्य (The Union)**
   धर्म + कर्म + उत्तरदायित्व
   का एकीकृत, पूर्ण, पवित्र रूप।

यही पूर्णता
जीवन-सत्य कहलाती है।

कर्तव्य का उदय — मनुष्य के भीतर सूर्य का उदय है

किसी भी मनुष्य के जीवन में
दो अवस्थाएँ होती हैं

1. **कर्तव्य-पूर्व (Before Duty)**
   - भ्रम
   - प्रतिक्रियाएँ
   - इच्छाएँ
   - भय
   - अव्यवस्था
   - अस्थिरता

- खोज
- बेचैनी
- स्वयं के बारे में अनिश्चितता

2. कर्तव्य-उपरांत (After Duty)

- दिशा
- शांति
- संतुलन
- संकल्प
- साहस
- स्पष्टता
- आत्मविश्वास
- परिपक्वता
- अर्थपूर्ण जीवन

कर्तव्य =
आंतरिक सूर्य का उदय।

और जिस दिन यह सूर्य उगता है
मनुष्य का जीवन सुबह बन जाता है।

धर्म का वास्तविक अर्थ

धर्म कोई नियम नहीं, प्राकृतिक सत्य है

धर्म का अर्थ है
"जो चीज़ चीज़ों को सही दिशा में रखे।"

धर्म =

- सत्य
- न्याय
- संतुलन
- समत्व
- करुणा
- ईमानदारी
- व्यवस्था
- कर्तव्य

धर्म कोई बाहरी व्यवस्था नहीं
धर्म आंतरिक व्यवस्था है।

जीवन तब सुंदर होता है
जब मनुष्य अपना धर्म पहचान लेता है।
धर्म तब जीवित होता है
जब मनुष्य अपना कर्तव्य निभाता है।

कर्म का सत्य

कर्म जीवन का धर्म है

कर्म केवल काम नहीं है।
कर्म सिर्फ गतिविधि नहीं।
कर्म सिर्फ क्रिया नहीं।

कर्म =
जीवन की ऊर्जा को सही दिशा में लगाना।

गीता कर्म को तीन भागों में बाँटती है

1. **कर्तव्य कर्म (Right Action)**
   जो करना चाहिए।
2. **न्याय कर्म (Moral Action)**
   जो सही है।
3. **योग कर्म (Conscious Action)**
   जो समत्व और समर्पण के साथ किया जाए।

कर्म जीवन में नींव बनाता है।
धर्म दिशा बनाता है।
उत्तरदायित्व ऊँचाई बनाता है।
कर्तव्य पूर्णता बनाता है।

उत्तरदायित्व — मनुष्य की आंतरिक परिपक्वता

उत्तरदायित्व का अर्थ है

**"अपने कर्म, अपने फल, अपने जीवन
और अपने निर्णय का स्वामित्व।"**

उत्तरदायित्व:

- व्यक्ति को मजबूत बनाता है
- मन को स्थिर बनाता है

- भय हटाता है
- आत्मविश्वास बढ़ाता है
- नेतृत्व विकसित करता है
- जीवन को सार्थक बनाता है

जीवन तब बदलता है
जब व्यक्ति कहता है

"मेरी परिस्थिति मेरी है,
मेरा निर्णय मेरा है,
मेरी यात्रा मेरी है।"

यही नेतृत्व का मूल
यही परिपक्वता का आधार
यही कर्तव्य का प्रारंभ।

जब धर्म + कर्म + उत्तरदायित्व मिलते हैं

तब कर्तव्य जन्म लेता है

कर्तव्य कोई बाहरी आदेश नहीं।
कर्तव्य कोई बोझ नहीं।
कर्तव्य कोई दायित्व नहीं।

कर्तव्य =
धर्म + कर्म + उत्तरदायित्व
का दिव्य मिलन।

कर्तव्य वह स्थिति है
जहाँ:

- व्यक्ति अपना धर्म जानता है
- अपने कर्म को समझता है
- अपने निर्णय को स्वीकारता है
- और अपने मार्ग पर संपूर्णता से खड़ा होता है

कर्तव्य =
जीवन का केंद्रबिंदु।

कर्तव्य का उदय मन में पाँच परिवर्तन लाता है

1. स्पष्टता

"मुझे क्या करना है"
पूरा साफ हो जाता है।

2. स्थिरता

मन का उतार-चढ़ाव घटता है।

3. निडरता

भय अपना स्थान खो देता है।

4. स्वतंत्रता

इच्छाओं का प्रभाव खत्म हो जाता है।

5. शांति

मन का युद्ध समाप्त।

कर्तव्य =
जीवन की स्थायी शांति।

जीवन का सत्य

कर्तव्य ही चरित्र बनाता है,
कर्तव्य ही व्यक्तित्व बनाता है

व्यक्ति का असली चेहरा
बातों से नहीं,
उसके कर्तव्य से पहचाना जाता है।

कर्तव्य व्यक्ति को:

- अनुशासित
- सत्यनिष्ठ
- दयालु
- परिपक्व
- संतुलित
- विश्वसनीय

बनाता है।

कर्तव्य → चरित्र
चरित्र → विश्वसनीयता

विश्वसनीयता → नेतृत्व
नेतृत्व → प्रभाव
यही व्यक्ति की आंतरिक शक्ति है।

जीवन-सत्य

कर्तव्य ईश्वर का आह्वान है

कर्तव्य =
ईश्वर की इच्छा।

जब व्यक्ति कर्तव्य में स्थित होता है
तब वह ईश्वर के साथ तालमेल में होता है।

ईश्वर व्यक्ति से दो चीजें चाहता है:

1. सत्य
2. कर्तव्य

जब ये दोनों मिलते हैं
जीवन दिव्य बन जाता है।

कर्तव्य व्यक्ति को

- झूठ से बचाता है
- भ्रम से बचाता है
- आलस्य से बचाता है
- भय से बचाता है
- असत्य से बचाता है

और
उसे उसकी
सबसे श्रेष्ठ अवस्था में जीने देता है।

जीवन का धर्म तब पूर्ण होता है

जब व्यक्ति कर्तव्य द्वारा स्वयं को पार कर लेता है

कर्तव्य मन को
अपने छोटे दायरे से निकालकर
बड़े सत्य में जोड़ देता है।

कर्तव्य →
अहंकार का विघटन

कर्तव्य →
समर्पण का उद्भव
कर्तव्य →
स्पष्टता का प्रकाश
कर्तव्य →
शांति का अनुभव
कर्तव्य →
मुक्ति का मार्ग

जब व्यक्ति स्वयं से बड़ा बन जाता है—
वही धर्म का वास्तविक अनुभव है।

जीवन का उच्चतम सत्य

कर्तव्य ही आत्मा का स्वभाव है

मन की प्रकृति — चंचल
शरीर की प्रकृति — नश्वर
भावनाओं की प्रकृति — परिवर्तनशील
इच्छाओं की प्रकृति — अतृप्त

लेकिन
आत्मा की प्रकृति — कर्तव्य।

आत्मा धर्म चाहती है।
आत्मा सत्य चाहती है।
आत्मा जिम्मेदारी चाहती है।
आत्मा निस्वार्थता चाहती है।
आत्मा समर्पण चाहती है।

कर्तव्य आत्मा की ऊर्जा है।
कर्तव्य आत्मा का स्वर है।
कर्तव्य आत्मा का संगीत है।

अंतिम एकीकरण

जीवन = धर्म = कर्म = उत्तरदायित्व = कर्तव्य

यह वह अवस्था है
जहाँ व्यक्ति अलग-अलग सिद्धांत नहीं जीता
बल्कि
एकीकृत जीवन जीता है।

वह समझता है:

- धर्म = दिशा
- कर्म = साधना
- उत्तरदायित्व = परिपक्वता
- कर्तव्य = पूर्णता
- जीवन = अवसर

जब ये सब एक बिंदु में आ जाते हैं
जीवन तपता नहीं,
जीवन खिलता है।

यही है
जीवन-सत्य का उदय।

कर्तव्य का उदय

जीवन के पाँच स्तरों की अंतिम पूर्णता

कर्तव्य व्यक्ति को पाँच स्तरों पर पूर्ण बनाता है—

1. मानसिक
स्थिरता + स्पष्टता + शांति

2. भावनात्मक
संतुलन + संवेदनशीलता

3. व्यावहारिक
नेतृत्व + अनुशासन + उत्कृष्टता

4. सामाजिक
सेवा + न्याय + योग्यता

5. आध्यात्मिक
समर्पण + मुक्ति + ईश्वर से एकत्व

कर्तव्य →
जीवन का चरम उत्कर्ष है।

अंतिम सत्य

कर्तव्य ही जीवन का सूर्य है
जिसके प्रकाश में सबकुछ अर्थपूर्ण हो जाता है

जीवन का सत्य
किसी जटिल दर्शन में छिपा नहीं
वह सरल है:
कर्तव्य ही धर्म है।
कर्तव्य ही कर्म है।
कर्तव्य ही उत्तरदायित्व है।
कर्तव्य ही सत्य है।
कर्तव्य ही शांति है।
कर्तव्य ही ज्ञान है।
कर्तव्य ही मोक्ष है।
यह अध्याय,
और आपकी पूरी पुस्तक
एक वाक्य पर समाप्त होती है

जब कर्तव्य जागता है,
जीवन दिव्य हो जाता है

कर्तव्य का प्रकाश
जीवन का अंतिम सत्य

जब यात्रा समाप्त होती है, तब जीवन का अर्थ खुलता है

इस पुस्तक की यात्रा
सिर्फ अध्यायों की यात्रा नहीं थी
यह मनुष्य की
आंतरिक यात्रा थी।

हमने

- धर्म की जड़ों में उतरकर
- कर्म के विज्ञान को समझकर
- उत्तरदायित्व की शक्ति को पहचानकर
- कर्तव्य में मोक्ष के बीज को ढूँढकर
- मन के युद्धक्षेत्र पर विजय पाकर
- मौन के धर्म को सुनकर
- जीवन-धर्म का निर्माण कर
- और अंत में जीवन का सत्य समझकर

एक ऐसी संपूर्ण साधना पूर्ण की है
जो जीवन को नये प्रकाश में जगाती है।

अब यह पुस्तक
अंत की ओर नहीं
एक नये आरंभ की ओर ले जा रही है।

क्योंकि जीवन का वास्तविक अध्याय
कभी शब्दों में नहीं,
कर्म में लिखा जाता है।

मनुष्य का सबसे गहरा सत्य — वह कर्तव्य के लिए जन्मा है

इस पूरी यात्रा का निष्कर्ष एक ही है:

मनुष्य कर्म करने के लिए पैदा हुआ है,
और कर्तव्य निभाने के लिए विकसित हुआ है।

मानव जीवन

- शरीर की अवस्था
- मन की बेचैनी
- भय की परतें
- इच्छाओं की लहरें

संघर्षों की आग

से मुक्त होता है

सिर्फ एक सरल सत्य से

कर्तव्य।

कर्तव्य मनुष्य को

- दिशा देता है
- ऊँचाई देता है
- स्थिरता देता है
- मुक्ति देता है

क्योंकि कर्तव्य

मनुष्य की *आंतरिक ऊर्जा*
को ईश्वर की *बाहरी व्यवस्था*
से जोड़ देता है।

जहाँ कर्तव्य है

वहाँ जीवन है।
जहाँ कर्तव्य नहीं
वहाँ केवल अस्त-व्यस्तता।

जीवन का सबसे बड़ा विरोधाभास

मनुष्य सुख से नहीं, कर्तव्य से ऊपर उठता है

जीवन का उद्देश्य सुख है।

लेकिन यह भ्रम है।

सुख क्षणिक है।
सुख अस्थिर है।
सुख इच्छाओं का दास है।
सुख मन को बंधन में रखता है।

जीवन का उद्देश्य सुख नहीं
सार्थकता है।

सार्थकता मिलती है
जब व्यक्ति कर्तव्य में स्थित हो।

कर्तव्य व्यक्ति को
तोड़ता नहीं
सुधारता है।
दबाता नहीं
निखारता है।
थकाता नहीं
तपाता है।

और यही तप
व्यक्ति को चमक देता है।

धर्म — वह प्राकृतिक व्यवस्था जिसमें जीवन फलता है

धर्म कोई आज्ञा नहीं।
धर्म कोई नियम नहीं।
धर्म कोई परंपरा नहीं।

धर्म =
वह व्यवस्था जो जीवन को सही दिशा देती है।

धर्म = संतुलन।
धर्म = सत्य।
धर्म = न्याय।
धर्म = विनम्रता।
धर्म = समत्व।
धर्म = जिम्मेदारी।

धर्म वह शक्ति है
जिसमें न कोई कठोरता है,

न कोई बंधन
लेकिन जो जीवन को
आत्मा की तरह धारण करती है।

धर्म है वह दिशा
जिस पर चलकर
कर्तव्य का जन्म होता है।

कर्म — जीवन का प्रत्यक्ष अनुभव

कर्म शरीर को चलाता है।
कर्म मन को दिशा देता है।
कर्म जीवन को अर्थ देता है।

कर्म नहीं तो जीवन नहीं।

कर्म क्या है?

**वह जो सत्य, कर्तव्य और उत्तरदायित्व
से जुड़कर किया जाए।**

कर्म योग बन जाता है
जब

- मन समत्व में हो
- हृदय निस्वार्थ हो
- परिणाम से मोह छूट गया हो
- और कर्म ईश्वर को समर्पित हो

इस अवस्था में
कर्म ही ध्यान है,
कर्म ही साधना है,
कर्म ही मुक्ति है।

उत्तरदायित्व — जीवन का वास्तविक नेतृत्व

मनुष्य तब बड़ा बनता है
जब वह दुनिया को नहीं,
स्वयं को नेतृत्व देना सीखता है।

उत्तरदायित्व का अर्थ
"मेरे जीवन का निर्णय
मेरे हाथ में।"

उत्तरदायित्व व्यक्ति को

- परिपक्व बनाता है
- स्थिर बनाता है
- आत्मविश्वासी बनाता है
- विनम्र बनाता है
- मजबूत निर्णय लेने योग्य बनाता है

दुनिया अधिकार की पीछे भागती है।
लेकिन जीवन का सत्य है:

अधिकार नहीं,
उत्तरदायित्व मनुष्य को ऊँचा उठाता है।

कर्तव्य — धर्म + कर्म + उत्तरदायित्व का दिव्य संगम

कर्ता + कर्म + धर्म + उत्तरदायित्व = कर्तव्य

कर्तव्य =
वह दिव्य एकता
जो जीवन को

केंद्रित,
स्थिर,
शांत और सार्थक बनाती है।

कर्तव्य

- मन का बोझ नहीं
- जीवन का आधार
- आत्मा का धर्म
- और चेतना का पथ है

कर्तव्य में व्यक्ति
स्वयं को पार कर जाता है।

कर्तव्य में व्यक्ति
महान बन जाता है।

कर्तव्य का चक्र

समत्व, समर्पण और निस्वार्थता का मिलन
कर्तव्य तीन शक्तियों पर चलता है

1. समत्व
"स्थिति कैसी भी हो
मैं कर्म करूंगा।"

2. समर्पण
"यह कर्म मेरे अहंकार का नहीं,
ईश्वर का है।"

3. निस्वार्थता
"कर्म फल के लिए नहीं
धर्म के लिए।"

इन तीनों के मिल जाने पर
कर्म योग बन जाता है।
योग मोक्ष में बदल जाता है।
और मोक्ष जीवन की शांति बन जाता है।

मन का युद्धक्षेत्र — और कर्तव्य की जीत

जीवन बाहर कठिन नहीं है
जीवन का कठिन भाग
अंदर है।

मन
जो

- सोचता है
- डोलता है
- डरता है
- प्रतिक्रिया करता है
- भ्रम में फँसता है
- इच्छाओं में उलझता है

यह मन ही जीवन का युद्धक्षेत्र है।

और कर्तव्य
उस युद्धक्षेत्र में
सबसे बड़ी तलवार है।

कर्तव्य:

- अस्पष्टता काटता है
- भय मिटाता है
- इच्छाओं को शांत करता है
- धर्म की ओर मोड़ता है
- समत्व देता है
- शांतिपूर्ण शक्ति देता है

यही भीतर के योद्धा का हथियार है।

मौन — कर्तव्य की श्वास, कर्म की पवित्र ऊर्जा

मौन व्यक्ति को
शुद्ध करता है।

मौन =
जागृति,
शांति,
गहराई।

मौन का धर्म

- मन को शांत करता है
- भावनाओं को हल्का करता है
- निर्णय को स्पष्ट करता है
- अंदर के सत्य को प्रकट करता है

मौन बिना कर्म शोर है।
कर्म बिना मौन अव्यवस्था।

जब कर्म और मौन एक हो जाते हैं
जीवन ध्यान बन जाता है।

जीवन-धर्म — स्वयं के सत्य का निर्माण

इस पुस्तक की सबसे गहरी अनुभूति यह थी:

हर व्यक्ति का अपना धर्म होता है।

स्वधर्म =
वह मार्ग
जिस पर चलकर
व्यक्ति अपनी उच्चतम क्षमता तक पहुँचता है।

स्वधर्म
दुनिया नहीं देती,
भीतर से आता है।

स्वधर्म
कर्तव्य में खिलता है।

स्वधर्म
व्यक्ति का व्यक्तिगत मार्ग है
जिसे कोई दूसरा नहीं चला सकता।

कर्म से ज्ञान तक

कर्मयोग ज्ञानयोग का द्वार है

ज्ञान
आत्मा की जागृति है।

और यह जागृति
कर्मयोग से आती है।

कर्म मन को साफ करता है।
साफ मन में प्रकाश उतरता है।
यही प्रकाश ज्ञान है।

ज्ञान = अहंकार का पिघलना,
सत्य का उभरना।

कर्म → शुद्धि → ज्ञान → मोक्ष
यही क्रम युगों का विज्ञान है।

मोक्ष — मन की जंजीरों से मुक्ति

मोक्ष कोई रहस्यमय लक्ष्य नहीं।
यह जीवन का सरल सत्य है:

जब मन शुद्ध होता है , तब मोक्ष स्वतः जन्म लेता है।

मोक्ष =

- अहंकार से मुक्ति
- इच्छाओं से मुक्ति
- भय से मुक्ति
- अज्ञान से मुक्ति
- प्रतिक्रियाओं से मुक्ति

मोक्ष जीवन से भागना नहीं
जीवन को सच्चे रूप में जीना है।

यही कर्तव्य का चरम रूप है।

कर्तव्य-सत्य — जीवन का सूत्र

इस पुस्तक का अंतिम सत्य
जिस पर पूरी यात्रा टिकती है
यह है:

"कर्तव्य ही जीवन है।

कर्तव्य ही धर्म है।
कर्तव्य ही कर्म है।
कर्तव्य ही उत्तरदायित्व है।
कर्तव्य ही मोक्ष है।"

कर्तव्य के बिना
जीवन खो जाता है।
कर्तव्य के साथ
जीवन मिल जाता है।

भविष्य का संदेश

कर्तव्य वाला व्यक्ति दुनिया को बदल देता है

जो व्यक्ति कर्तव्य में स्थिर होता है
वह:

- दूसरों को नहीं, स्वयं को बदलता है
- परिस्थितियों को नहीं, दृष्टिकोण बदलता है
- दुनिया को नहीं, अपनी चेतना बदलता है

और यही
दुनिया बदलने का असली तरीका है।

कर्तव्य से जन्मता है

- प्रभाव
- नेतृत्व
- प्रेरणा
- सम्मान
- विश्वास

कर्तव्यवाला मनुष्य
दुनिया को प्रकाशित करता है।

अंतिम अनुभव

कर्तव्य का उदय ही जीवन की मुक्ति है

जीवन का अंतिम सत्य यह है

कर्तव्य कोई बोझ नहीं।
कर्तव्य ईश्वर की कृपा है।

कर्तव्य से

- मन शुद्ध होता है
- आत्मा प्रकाशित होती है
- जीवन शांत होता है
- चेतना ऊपर उठती है
- भ्रम मिटते हैं
- शांति मिलती है
- मोक्ष जन्म लेता है

जब व्यक्ति
कर्तव्य में स्थित होकर
जीवन जीता है
तब वह मुक्त हो जाता है।

अंतिम संकल्प

जीवन के लिए एक शाश्वत प्रतिज्ञा

यह पुस्तक सिर्फ पढ़ने के लिए नहीं है
जीने के लिए है।

इसका सार
एक सरल संकल्प में बदल जाता है

मैं कर्तव्य में स्थित होकर
सत्य, प्रेम, समत्व और समर्पण से
जीवन को पवित्र करूँगा।
और अपने कर्मों से
दुनिया को बेहतर बनाऊँगा।

समापन

जीवन का आशीर्वाद
मैं इस पुस्तक को
एक आशीर्वाद के साथ समाप्त करता हूँ

आपका कर्तव्य जागे।
आपका मन स्थिर हो।
आपका धर्म प्रकट हो।
आपका कर्म योग बने।
आपकी चेतना ऊँची उठे।
और आपका जीवन
शांति, सत्य और प्रकाश से भर जाए।

लेखक के बारे में

रमेश दुबे

Mindset Architect, Thinker & Spiritual Leadership Guide

रमेश दुबे एक ऐसे लेखक हैं जो जीवन, चेतना और कर्तव्य को आधुनिक दृष्टिकोण से जोड़ते हैं। वे केवल लिखते नहीं—जीवन के गहन अनुभवों को समझकर, परखकर और साधना के मार्ग से आत्मसात करके साझा करते हैं। उनकी पहचान *Mindset Architect* के रूप में है, क्योंकि वे मनुष्य के विचारों, आदतों, भावनाओं और आंतरिक संरचनाओं को समझकर उन्हें पुनर्संगठित करने का मार्ग दिखाते हैं।
उनकी लेखनी का सार एक वाक्य में है—

"कर्तव्य से कर्मयोग तक: आत्मबोध की एक यात्रा"

अपने पूर्व कार्यों—*एक यात्रा स्वयं से स्वयं तक, फिर से शुरू*, और डिजिटल सतर्कता — में उन्होंने आत्म-खोज, मानसिक दृढ़ता और आधुनिक जीवन की आवश्यक जागरूकता पर लिखा। यह पुस्तक "कर्तव्य से कर्मयोग तक: आत्मबोध की एक यात्रा" उनकी अब तक की लेखनी का शिखर है—जहाँ आध्यात्मिकता, मनोविज्ञान और जीवन-दर्शन एक साथ प्रवाहित होते हैं।

रमेश दुबे का जीवन-दर्शन चार स्तंभों पर आधारित है—धर्म, कर्म, उत्तरदायित्व और कर्तव्य। वे मानते हैं कि मनुष्य की सबसे बड़ी शक्ति उसका कर्तव्य है: वही चरित्र बनाता है, वही चेतना जगाता है, वही शांति देता है, और वही जीवन को सार्थक बनाता है।

उनकी लेखनी सरल होते हुए भी गहरी है—वह पाठक को स्वयं की ओर ले जाती है, भीतर के योद्धा को जगाती है और जीवन को एक नये प्रकाश में देखने की प्रेरणा देती है।

उनका उद्देश्य स्पष्ट है :-

लोगों में उनकी
आंतरिक शक्ति, स्पष्टता और कर्तव्य की चेतना को जगाना

www.ingramcontent.com/pod-product-compliance
Lightning Source LLC
LaVergne TN
LVHW090307210926
848480LV00001B/159